「考古学エレジー」の唄が聞こえる

発掘にかけた青春哀歌

澤宮優

はじめに

昭和六十二年の四月。時代はバブルにまっしぐらに向かって突き進んでいった頃の話である。私は青山学院大学の三年生になり、それまで神奈川県厚木市にあった教養課程のキャンパスから、東京・渋谷にある学院本部のキャンパスに移った。

都会の生活にようやく慣れかかった五月中旬だった。考古学研究室の女性の先輩から、

「今度研究室におられる副手さんが故郷に帰られるから、送別会に出てみない？」

と誘われた。渋谷の繁華街にある座敷のある店だった。席には在学生はほとんどおらず、考古学専攻の大学院生、卒業生が多くおられ、大人の世界を垣間見た気分だった。

初めて見た大人の飲み会。大人の女性もきれいだったが、異変があったのは、飲み会の最後だった。突然、皆が立ち上がって、男も女も一同が肩を組み、なんとも暗い、今どき流行りもしないスローテンポの唄を歌い出したのである。

町を離れて野に山に　遺跡求めて俺たちは　夕べの星見てほのぼの思う
遠い昔の物語　ああ物語

何なのだ、このとてつもなく辛気臭い唄は。それもふだんサザンを歌っているような女性たちも合わせて歌っている。まさしく異様な光景だった。一番だけならまだいい。この根暗な唄は歌詞を変えて、四番まで続いた。とにかくこの時間が長かった。皆、酔いしれたような表情になっている。私は肩を組まされ、ただ先輩たちの顔を見ているだけだった。率直に言って、この唄の最初の印象は私にとって最悪だった。

散会した後、これが「考古学エレジー」という唄だと教えられた。

コンパの席や歓送迎会のときには、必ずこの唄を肩を組んで歌うのだと先輩方は言った。

あの娘は良家のお嬢さん　おいらはしがない考古学徒　どうせ叶わぬ恋ならば
トレンチ掘って忘れよう　ああ忘れよう

下宿で一人焼酎を飲んでいるとき、青春の孤独感、寂寥に耐えかねて、好きな娘を思い浮かべながら、いつしか考古学エレジーを口ずさんでいる自分がいた。そんな失意の自分を癒やしてくれる唄が考古学エレジーになっていた。

私は今では死語になった「考古ボーイ」と呼ばれる人種だった。考古ボーイとは、子供の頃から遺跡に興味を持ち、土器や石器を拾い、学ぶ少年のことだ。

私の考古学への目覚めは早かった。高度経済成長期に熊本県八代市に生まれた私は、幼い頃から、父に連れられて近くにある古墳を見て回った。それが熊本県下でも最大級の前方後円墳が集まっている野津《のず》古墳群（※1）だった。近くには石舞台古墳を連想させる、巨石で横穴式石室を持った大野窟《おおのいわや》古墳（※2）もあった。石室の中に入ると夏でもひんやりするほど涼しく、真っ暗な石室は黄泉の国に行く思いがして怖くもあった。七メートルほどの天井に懐中電灯を照らすと、コウモリが何匹もいた。

小学校六年になり、社会科で歴史を習うようになって、私が見て回ったものが古墳であることを知った。それも、この地域は熊本県でも有数の古墳が密集していることもわかった。学校の野外授業で西平《にしびら》貝塚（※3）へ出かけ、土器や貝を拾う機会があった。初めて縄文時代の土器片に触ったとき、今の私と何千年も前の原始人の息吹が一本の糸で繋がった興奮を覚えた。この日が、考古学へ本格的に目覚めたときだった。この頃図書館から借りて、たかしよいち氏の『墓どろうぼうの話』と、当時、熊本大学教授（現・筑波大学名誉教授）の井上辰雄先生が書かれた『火の国』という歴史の専門書を読んだ。とくに『火の国』は熊本県宇土市にある向野田《むこうのだ》古墳（※4）の調査の成果をもとに、古代に宇土市が火の国の中心地だったこと、女王が支配していた国だったことが述べてあった。やがてその中心地は、私の住む八代郡に移り、幼い頃見て回った古墳が、火の国の支配者の墓だということを知った。

この本の中で、向野田古墳の調査には宇土高校の考古学クラブ（正式名称は社会部）が活躍し、顧問の教師に富樫卯三郎という県下で著名な考古学者がおられることを知った。わからないながらも、本の内容を考古学ノートに写した。

この頃（昭和五十一年）は、私の家からそう遠くないところで九州縦貫道路という高速道路が造られていた。そのための事前調査で遺跡の発掘が多く行われ、見学に行った。そのたびに調査員の方は遺跡の説明をしてくださり、さらに考古学への興味が深まった。その一つに氷川町の平原《ひらばら》瓦窯跡（※5）があった。

中学時代は藤森栄一の『石器と土器の話』『シンポジウム旧石器時代の考古学』、樋口清之の『発掘』、尾崎喜左雄の『古墳のはなし』などを手当たり次第に読んで、ノートに写した。もちろん内容はどこまで理解できたか、まことにおぼつかない。

高校は富樫《とがし》卯三郎《うさぶろう》先生のおられる宇土高校に越境入学し、考古学を学ぶ社会部に入った。そこで私は初めて発掘調査を経験し、富樫先生からご指導いただくうちに、先生は戦前の考古学者森本六爾《ろくじ》から考古学を学ばれたことを知った。

その後、私は大学では考古学を専攻した。考古学エレジーを初めて聞いて、その後研究室の先輩がこの唄についてさらに教えてくれた。この唄は大学によって歌詞も微妙に変わり、四番までではなく、八番や十二番まである大学もあるということだった。曲番が増えても共通するのは、古代のロマンに思いを馳せながらも、学問では食べてゆけない哀愁と、それでも考古学に取りつかれ、学びたいという青春の哀切を歌う唄であった。しかし、この唄は、誰が、どこで作ったものなのか。私は気になった。ある先輩は私に言った。

「この唄は國學院大學で作られたらしいよ」

考古学の伝統校である國學院大學の学生が作ったというのだ。時期はいつなのか、それは学生なのか助手なのか、皆目わからない。だが全国に一斉に広がって形を変えて大学や発掘現場で歌われていることに私は関心を持った。しかも東京で作られたという点に、それまで接したことのない都会のアカデミックな匂いを感じた。

そのとき私には、考古学の魅力に取りつかれ、激しい生き方をした先達たちの姿が頭に浮かんだ。戦前であれば作家松本清張の『風雪断碑』に描かれた在野の研究者の森本六爾《もりもとろくじ》。高校時代に富樫に教わった学者だ。彼は、日本の農耕文化の起源は弥生時代にあると提唱しながら、生前はあまり認められずに三十代の若さで死んだ。私の学生時代でも、大学で考古学を学んだ人たちが、何年も自治体の文化財専門職で嘱託として働いている姿も見ていた。

その苦労は、当時も考古学を学ぶ者たちの底流に流れる心情であると私は感じた。

その後、私は思うところがあり、考古学の道には進まなかった。青春の途上で、精神的に不安定になった私は、自分の生きる道を文章を綴ることに見出そうとした。土器を実測したり、遺跡の調査をすることへのときめきが薄れてしまったのだ。自分で思惟を深め、文章にしてゆく喜びは当時の私に至上の喜びだった。幸いに著作も刊行され、ノンフィクション作家という肩書をいただくようになった。

以来、私は考古学エレジーの存在をすっかり忘れていた。

それが突然に考古学エレジーを思い出したのは、ノンフィクションの作品で考古学関係者に取材するようになってからである。学生時代より精神的に安定したことで、再び少年時代の考古学へのときめきを取り戻すことができたのである。

この頃、考古学関係者のブログに考古学エレジーの歌詞を書き込んだり、唄の思い出を書いていることを知った。私も人生の半分を過ぎた。エレジーを歌っていた頃の揺れ動く自分の青春を見つめ直すことで、私にとってあの時代はどんな意義があったのか、私が熱中した考古学はどんな意味を持っていたのか、自分探しをしたい思いに駆られた。

ある一定の世代にとって考古学エレジーは、私の想像以上に人生の重きを占めている。私の自分探しは、多くの考古学徒の心情に共通するものではなかったか。とすれば、高度経済成長に生きた若者のありようを描くことに繋がってゆく。

歌詞には、考古学を志す者が持つ、強い連帯と絆があるのが特徴だ。それは現在の個人と個人の繋がりが希薄になった現象とは真逆にある。

現在とは異なり、自治体の文化財専門職などで考古学を職にすることが狭き門だった時代に、エレジーは歌われている。彼らは将来がどうなるかあまり考えず、考古学が好きだからという理由で研究室に入った。それゆえに不安や情熱に突き動かされ、志を同じくする仲間とともに生きた。

考古学エレジーが歌われたのは、高度経済成長の時代である。土地開発で遺跡が次々と破壊される中、若者たちは自分たちの手で遺跡を調査し、破壊から守った。まだ自治体に文化財担当がいなかった時代、その役割を果たしたのは、全国の高校考古学クラブであったり、学生たちであった。彼らが当時の発掘の主役であった。

エレジーを書くことは、当時の高校考古学部に光を当てることでもある。エレジーという要素を広く扱えば、戦前に生きた悲劇の考古学者や戦死した考古学徒にも当てはまる。

そんな彼らの青春群像を知ることは、現代が失ってしまった熱い青春の生き方、人と人の強い絆を再構築する礎になるのではないかと思う。そしてなにより、考古学という学問の持つ魅力を青春の姿を通して改めて伝えることができるのではと考えた。それが文化財保護への新しい見方を伝えてゆけるのではないかとも思った。

（作品の性質上、登場された方々の敬称は略しました）

※1 **野津古墳群**＝熊本県氷川町の丘陵にある県内でも屈指の前方後円墳。端の城古墳、中の城古墳、姫の城古墳、物見櫓古墳などがあり、全長は七〇〜一〇〇メートルに達し、火の国豪族である火の君の墳墓と言われている。

※2 **大野窟古墳**＝熊本県氷川町にある全長一二三メートルの前方後円墳で、県下最大の古墳。横穴式石室の主体部の高さは七メートル近くあり、全国でもトップクラスの高さを誇る。火の君の墳墓と言われる。横穴式石室は、古墳時代の後期に見られ、古墳の横から石室に入る仕組みで、追葬が可能。

※3 **西平貝塚**＝熊本県氷川町にある縄文時代後期の貝塚で、ここから出る土器は模様の特色から西平式土器と呼ばれる。広く長崎まで出土する。十字型石器を出土する。

※4 **向野田古墳**＝全長約八六メートルの前方後円墳。竪穴式石室から、女性の人骨が発見された。鏡など出土遺物は国の重要文化財になっている。

※5 **平原瓦窯跡**＝熊本県氷川町にあった古代の瓦を焼いた窯跡。高速道路建設のため、調査後破壊。

昭和33年東京・利島（伊豆七島）での調査・撮影風景。撮影台などはなく、大塚初重はハシゴに体をくくりつけて写した（写真提供＝大塚初重）

学生時代の大塚初重。昭和22年、千葉県長南町能満寺古墳調査時。食糧難のため学生が交替で近隣農家へ農産物を貰いに行く
（写真提供＝大塚初重）

このような斜面でも発掘・調査は行われた。
1967年頃、神奈川県横浜市の七石山横穴調査にて（写真提供＝柳澤一男）

1966年、埼玉県大宮市（当時）の遺跡現場で。当時大学一年生だった柳澤一男（前列左端）の写真説明には、「考古学における二元論に悩みし頃」と書かれている（写真提供＝柳澤一男）

高校時代、熊本県八代市の岡谷川４号墳の調査。
「社会部」という部旗を立てて、発掘していた（写真提供＝下村智）

人骨を発掘する下村智
（写真提供＝下村智）

昭和52年、熊本県八代市の有佐大塚古墳前方部竪穴式石室調査見学
（写真提供＝下村智）

昭和41年、東京都八王子市の滝原台遺跡
中央が島津義昭（写真提供＝島津義昭）

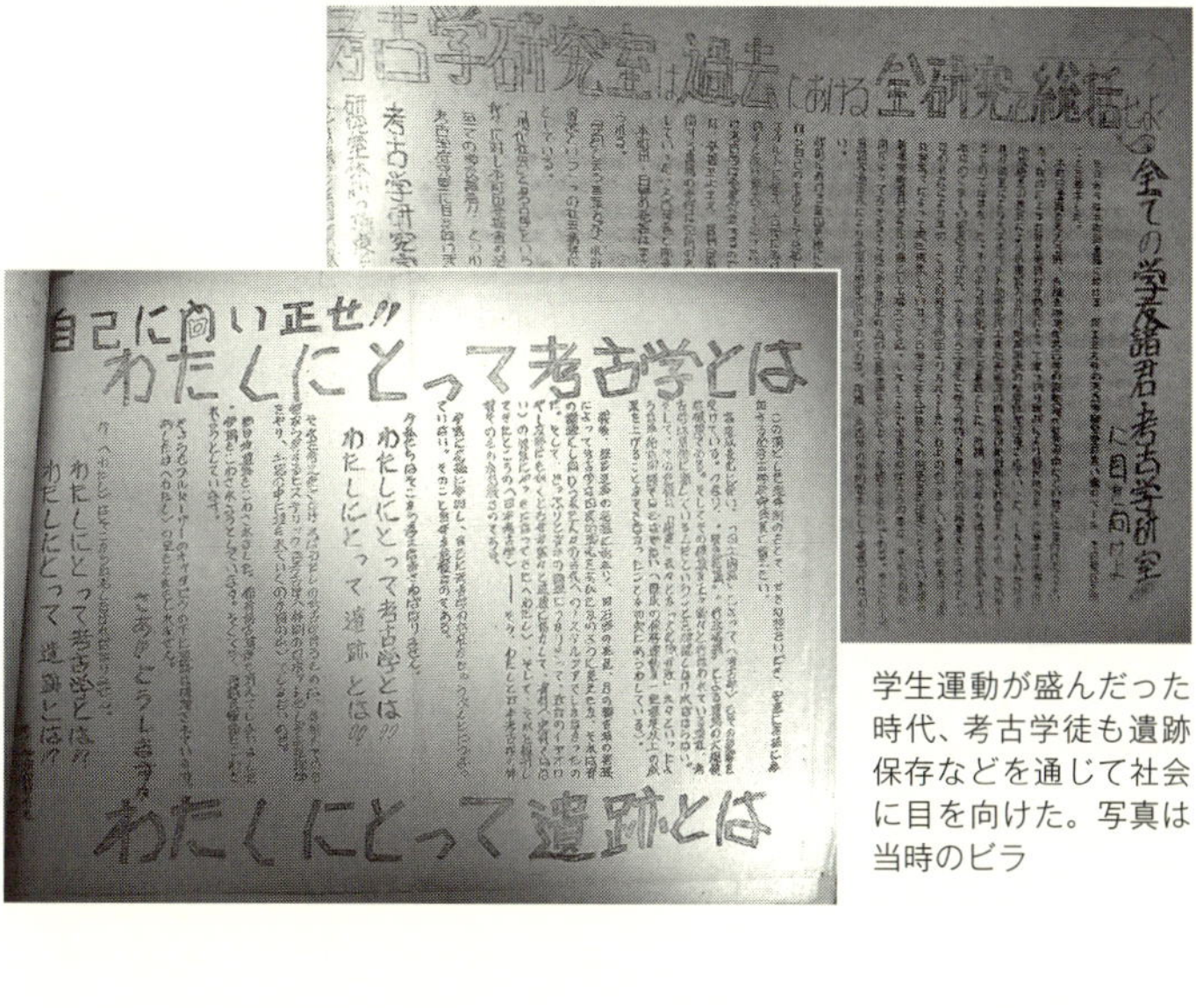

学生運動が盛んだった時代、考古学徒も遺跡保存などを通じて社会に目を向けた。写真は当時のビラ

「上代文化研究会」で江藤千萬樹（＝前列左端）は
中心となって活動した。学生服姿で座っている

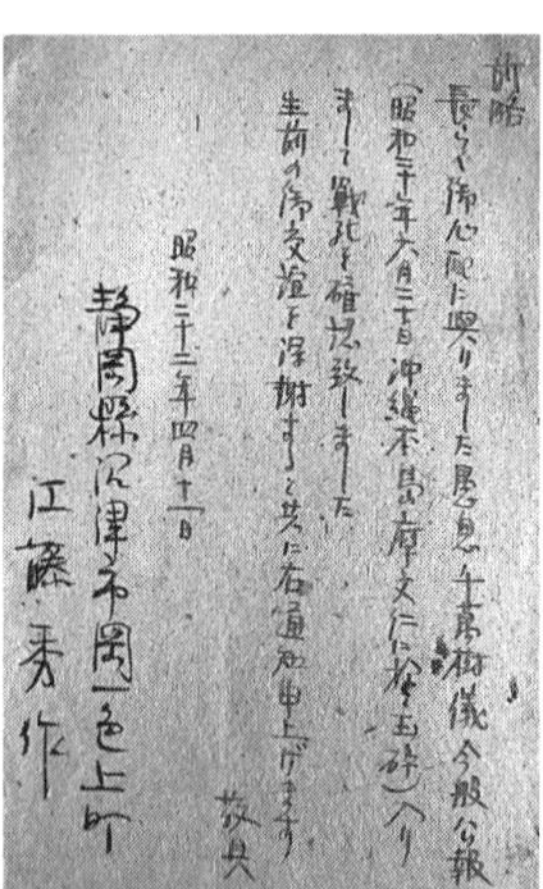
拝啓
長らく御心配に與りました愚息千萬樹儀今般公報
（昭和二十年六月二十日沖縄本島摩文仁に於て玉砕）により
まして戦死を確認致しました
生前の御交誼を深謝すると共に右通知申上げます
敬具

昭和二十二年四月十一日
静岡県沼津市岡一色上町
江藤秀作

江藤千萬樹の戦死を知
人に伝える、江藤の父
親のハガキ
（写真提供＝七田忠昭）

九州考古学会・嶺南考古学会合同考古学大会で「考古学エレジー」を歌う往年の考古ボーイ。右から5人目が島津義昭（写真提供＝島津義昭）

大分県の別府大学構内「円通寺遺跡」で考古学を学ぶ大学院生（井大樹君＝左端）たち。左から３人目が著者。右端が文学部史学・文化財学科教授下村智

表紙写真：熊本県宇土城石垣の調査、発掘する宇土高校社会部員（写真提供＝下村智氏）

カバー・本文デザイン／鹿嶋貴彦

第一章

「考古学エレジー」生まれる！

町を離れて野に山に
遺跡求めて俺たちは
夕べの星見て　ほのぼの偲ぶ
遠い昔の物語

写真：昭和37年5月埼玉県大宮市奈良瀬戸
遺跡発掘風景（写真提供＝富田紘一）

創作されたのは銭湯の行き帰り

「考古学エレジー」は、歌う者にとって作詞作曲者不詳の唄であるはずであった。ところが意外なきっかけで、作者と出会うことになった。平成十七年、考古学関係の取材で九州に行ったときだった。九州での取材のとき、考古学エレジーが話題になった。そのとき「これは君の身近にいる人が作った唄かもしれないよ」とその人は語った。またこの頃によくブログで考古学エレジーについて書かれたものを目にした。そこで匿名ではあったが、國學院大學卒などの経歴から、私の接した人が作ったのだろうと仮説が立った。

どうも二人いるようだ。私は熊本在住の一人の方に手紙を書いた。

「ひょっとしたらあなたが考古学エレジーを作ったのではありませんか」

そんな問いかけから始まる手紙を私は出した。数日後、その人から電話が来た。

「そうですね。エレジーについて私の知っていることをお話ししましょう」

そこから私の取材行が始まった。平成二十一年五月のことだった。

その人とは、熊本県教育委員会に勤務し、熊本県立美術館副館長を務めた島津義昭だった。島津と私の出会いは、私が高校生の頃に遡る。

昭和五十七年の夏、高校三年生の私は受験勉強に精を出すどころか、熊本・宇土半島の突端にある戸馳島で行われた遺跡の調査に毎日通っていた。

不知火海に浮かぶ小さな島だが、そこには浜の洲貝塚と丸子島古墳という二つの遺跡があり、熊本日日新聞社が学術調査を行っていた。私と友人の元松茂樹（現・熊本県宇土市長）は、手伝いとして参加した。このとき浜の洲貝塚で島津と話をした覚えがあった。島津は三十代の働き盛りで、上半身裸になってヤカンに口をつけて氷水を飲んでいた。屈強なという印象があった。彼は私たちに、「考古学が好きか。専門にやるなら國學院か明治に行ってやるんだぞ」と声をかけてくれた。そのとき以来の再会である。

平成二十一年の五月の連休後、熊本市内の喫茶店で、二十数年ぶりに島津と会った。彼は白髪の穏やかな紳士になっていた。

島津は取材の最初に言った。

「懐かしいね。これは柳澤一男君と一緒に作ったんだ。昭和四十二年だったね。もう四十年以上も昔になるねえ」

このときもう一人の共作者が宮崎大学名誉教授の柳澤一男であることがわかった。柳澤は九州地方の古墳に独自に見られる石製表飾（石人石馬）についての論文を著していた。石製表飾は、埴輪の代わりに凝灰石で造った人や馬を古墳に置いたものだ。福岡県八女市の岩戸山古墳（※1）、熊本県氷川町の野津古墳群について論究してあり、私も卒業論文を書くときに非常に参考にした。平成に入ってから、宮崎市に行って直接教えを請うたこともある。

さて二人が作ったとき、唄はどのような歌詞だったのか。私の母校で歌われた歌詞を見せた。島津はメガネの縁に手を当てると、瞼をすぼめて歌詞に見入った。

「原曲に近いね、僕らが作ったのと若干違うところもあるね。リフレインはなかったね」

そこから考古学エレジーを作った経緯を話してくれた。

島津と柳澤は昭和四十年、國學院大學の入学試験場で顔を合わせて話すようになった。島津は熊本県出身、柳澤は群馬県出身と、郷里は離れているが、ともに考古学志望である。その縁で二人は親しくなった。二人は同じ大学寮に入った。しかし一年後のことである。

「僕らは発掘ばかりやって講義に出ないから、寮を出されちゃったんだ」

島津は苦笑した。

やがて二人は東京都中野区の下宿屋の二階に住んだ。そこには後に石川県埋蔵文化財保存協会に勤務する田島明人や、後に知床博物館館長で考古担当の学芸員となる金盛典夫らがいた。皆、國學院で学ぶ考古学者の卵だった。そこを「東中野古文化研究所」と称し、毎晩酒を飲んでは考古学について議論し、機関誌『原始史学』も発行していた。昭和四十二年一月二十一日発行の第二号には、金盛による「ある発掘の後で」という一文があり、前年十一月から本年一月に参加した静岡県の緊急調査について所感を記している。宅地造成と東名高速道路建設のための緊急調査であった。「緊急調査の場合は、調査者が、その遺跡に対して考古学上の問題意識を持っているといないとにかかわらず、遺跡を調査しなければならない。しかもその遺跡が完全に破壊され、この地球上から消えてしまう運命のものであるならば、調査者は現在自分の持っている最高の技術で正確に緻密に記録を残すことが要求される」という純粋な問題提起がある。

この当時は学生運動が盛んな時代で、彼らの下宿のある中野区にはその拠点がいくつもあった。とくに中央大学や法政大学の学生が熱心で、集会を開いてはロシアの労働歌をよく歌った。島津も彼らと親しくなり、会合に顔を見せるようになった。このとき仲間から「お前も何か歌え」と言われた。

「元来僕は音痴ですからね。それで自分で歌えるものを作ろうと思ったんですね」

それがエレジー創作の発端だった。創作場所は銭湯の行き帰りだ。

この姿を柳澤は覚えている。彼の記憶によれば、二年生のときの秋か冬だったという。

「あるとき島津君が、後に考古学エレジーとなる曲のメロディーをどこかで仕入れてきて何やら歌詞をつけて口ずさんでいました」

柳澤が「何をしてるんだ」と聞くと島津は答えた。

「今の自分が考古学に向き合っている心情を唄にしたいんだ」

そこで二人は意気投合して、「それいいね」「ここはちょっと」と練り上げてできたのが、考古学エレジーの一番だった。

町を離れて野に山に　遺跡求めて俺たちは　夕べの星見てほのぼの偲ぶ
遠い昔の物語

曲はアイルランド出身のパトリック・ギルモアが、南北戦争の北軍の帰還兵を迎えるときに酒宴で歌った唄「ジョニーが凱旋するとき」（When Johnny Comes Marching Home）を参考にした。当時の学生運動をやっていた中央大学社会主義学生同盟（社学同）が集会でこの曲に歌詞をつけて歌っていた。

島津もこのメロディーに魅せられたのである。

「学生運動の仲間が歌っていたんです。これいいなと。ただその時点では南北戦争の唄とは知りませんでした」

島津と柳澤、二人は銭湯の行き帰りに、さらにアイディアを出し合い、二番、三番と作っていった。まだ歌の題もはっきりしていなかった。

島津は熊本高校の出身で、中学時代から考古学に興味を持ち、熊本高校の考古学部に所属した。私の母校のある宇土市の境目遺跡という箱式石棺の調査に来たこともある。私の高校の考古学クラブの名誉会員でもあることもわかった。私のクラブの先輩にもなる。

当時の学生たちは、他大学と一緒に一週間以上も寝泊まりして発掘するのが普通だった。泊まる場所は遺跡の傍に作られたプレハブ小屋である。そこで考古学エレジーが披露された。

「現場で一日肉体労働するでしょ。もう酒でも飲んで歌わないと楽しくないわけです。ただエレジーが多くの現場で受け入れられたのは、考古学に携わる者の持つロマンチシズムがあったからでしょうね」

島津は言う。

他大学の仲間と一緒に歌うことで、それぞれの大学に歌を持ち帰り、歌われる。その大学の風土に合った歌詞に変えられ、曲番が増えたりした。また別の現場で歌われて、広まってゆく。いつしか関東から、関西、九州までの発掘現場で歌われるようになった。柳澤も言う。

「最近の学生は飲まなくなったけど、僕らの時代は発掘のとき飲むわけよ。プレハブでは、テレビもないし、夜やることないから、歌うことくらいしかない。下ネタの唄も歌ったよ。そういうときに考古学エレジーを歌うと皆が共通のアイデンティティを感じたのだろうね。だから何かあるとエレジーを歌っていた。それで広がったんだ」

他大学の学生との交流も考古学エレジーを広めた要因である。当時は他大学の講義をもぐりで聴くのは黙認だった。島津は明治大学や青山学院大学にも行った。紹介状が必要なら指導教授が書いてくれた。その伝手で慶應大学にも行った。

いろいろな大学で仲間ができると、発掘調査に行く範囲も広がる。柳澤は語る。

「最初は作った俺と島津しか歌えなかったんだ。けれども何度も歌っているうちに周りも覚えてしまった。すると周りの人たちも、違う発掘現場で行くたびに歌う。それが流行って日本中に広がった」

明治大学ではこんな唄がよく歌われた。

出たぞ、出た出た、何が出た　円匙（※2）を握る両の手は　世界を結ぶ同じ手だ
ソレ、同じ手だ
石棒担いでのしのしと　天下の舗道を闊歩する　ソレ、闊歩する
青い月夜のトレンチで　花咲く恋の美しさ　ソレ、美しさ

考古学エレジーのほかにも大学を超えて現場で歌われていた唄があった。

柳澤にさらに詳しく話を聞いた。

「僕らの学生時代は、大学で考古学を学んでも、卒業後に直結する就職先などまったくなかった時代でしたからね。だから専攻した者の多くは、考古学は好きだけど、卒業後の見通しはほとんど持っていない能天気な連中だったと思いますね」

そんな土壌で考古学エレジーは歌われていた。柳澤は言う。

「一番しかなかったからね。もうちょっと作ろうかと島津と捻り出したのが二番と四番だったと思う」

昭和四十四年の肌寒い春先に群馬県富岡市で行われた富岡5号墳（※3）の調査のときだった。この場所に学校が建てられ、古墳が壊されるというので、群馬県教育委員会が緊急調査を行った。このとき柳澤は郷里という縁もあって、調査担当者から声をかけられ、参加した。そこには明治大学の学生も四、五人いた。

学生たちは古墳の傍の公民館で共同生活をした。夜の宴会の席で、柳澤は考古学エレジーを歌った。そのとき明治の学生は「お前、面白い唄やな」と言ってきた。そこで明治の学生も一緒に歌った。ある夜のこと、酒を飲んで、公民館の窓を開けると、山に真っ白い雪が積もっていた。麓にある古墳も雪化粧をして、月の光に照らされていた。

「寒くてね、もう発掘も終わるなというときで、皆ともお別れだと思ってね、二番と四番のイメージが閃いた気がする」

そこに島津との共同作業でアイディアを練って、さらに二番と四番ができた。

雪の山野に日は落ちて　月の光に照らされる　遺跡の白き清けきは　あの娘《こ》の面《おも》を偲ばせる

発掘終われば俺たちは　離れ離れに去ってゆく　せめて今夜は飲み明かそうぜ
青い月夜の白むまで

島津もこれらの歌詞には思い出がある。雪の山野で発掘したとき、酔っぱらって遺跡に出たらトレンチに雪が積もっていた。そのときの美しさが二番へと繋がっていく。四番も同様である。他大学の学生と一緒に寝泊まりした発掘も明日で終わる。そんな感傷が土台にあった。

さらに三番の歌詞が付け加えられた。これは島津が作った。

あの娘《こ》は良家のお嬢さん　おいらはしがない考古学徒　どうせ叶わぬ恋ならば
トレンチ掘ってあきらめよ

島津は言う。

「三番のあの娘は良家のお嬢さんは、やはり学生時代はそういう思いにとらわれますからね」

考古学エレジーができて四十余年。作者の二人の記憶に若干のつじつまが合わないのは仕方のないことだが、二人の考古学への熱い思いを礎にして、曲は完成した。

そして二人がともに言うのは「このときリフレインはなかったよ」ということだ。

柳澤にはエレジーについて切ない思い出がある。すでに時代は過ぎて昭和五十年頃の話である。彼は昭和四十八年から福岡市の文化財専門職に就いていた。午前〇時を過ぎた頃、突然電話がかかってきた。主は「いっちゃん」と慕われた兵庫県の埋蔵文化財担当者だった市橋重喜だった。彼は九州大学で考古学を学び、学生時代は柳澤の担当する発掘現場によく来てくれ、遅くまで焼酎も飲んだ仲だった。彼はスナックにいた。

「今から考古学エレジーを歌いたいんです。歌詞を忘れたから一緒に歌ってください」

柳澤は電話口で考古学エレジーを歌うはめになった。市橋は電話を耳に当てて、マイクを口に当てて、店で考古学エレジーを歌った。別の部屋で寝ていた柳澤の妻は「夫は気がふれたのではないか」と本気で心配した。

市橋はそれから数年後、白血病で三十代の若さで亡くなった。

「人懐こくて愉快な男だったんですよ。僕は彼にエレジーを教えた覚えはないのだけど、どこで覚えたのかな。後で結婚を約束した女性がいると知ったとき、切なくなってね」

柳澤はそう呟いた。

柳澤も曲が八番や十番まで増えたことは知らなかった。誰かが自由に作ったのだろうと考えている。

そこに流れるのは昭和四十年代の考古学を学ぶ者に流れるシンパシーだ。柳澤は共通のアイデンテイティがあるのではないかと考える。学生運動は盛り上がりを見せながらも、結局は挫折の道を辿る。エレジーという言葉に、この時代の学生たちが持つ哀しさもある。そこにこの曲の魅力がある。それが全国の学生に受け入れられた理由である。

在野の考古学者・森本六爾

森本六爾という戦前に活躍した在野の考古学者がいる。「考古学エレジー」を歌った世代には大きな影響を与えた人物である。

森本は、奈良県桜井市出身で、弥生時代が日本の農耕社会文化であったと提唱した学者である。彼は三十二歳で結核のために亡くなったが、彼の説は、死後、唐古《からこ》遺跡（※4）の発掘によって学術的に証明された。

森本の考古学に打ち込む情熱、夫を支えた妻ミツギの夫婦愛は感動的ですらあった。夫婦ともに同じ病で夭逝したが、二人は考古学に殉じた人生でもあったと言えるだろう。彼の功績を語るならば、農耕文化の起源を突き止めた以外に、東京考古学会というアマチュアの研究会を主宰して、そこから京都大学名誉教授の小林行雄、明治大学教授の杉原荘介、アマチュア考古学者の藤森栄一ら戦後の日本考古学界を牽引する多くの人材を育てた点である。

推理小説作家の松本清張は昭和三十一年に森本をモデルにした短編小説『断碑』を刊行した。松本清張にとっては、その後の作品に出てくる人物像の原型になり、この作品を書いたことで文学的な自分の道を発見したという。清張にとっては記念碑となるべき作品である。現在は新潮文庫の『或る「小倉日記」伝』に収録されている。そこに「断碑」と、明石原人（※5）の腰骨を発見した直良《なおら》信夫を描いた「石の骨」も入っている。

松本清張の『断碑』は、小説というスタイルで木村卓治という仮名にして描いているが、冷淡で救いのない悲劇の主人公に仕立てられている。読者に反響を呼んだ作品だが、森本の実像とかけ離れているのも事実だ。

『二粒の籾』は昭和四十二年に刊行されたが、考古学者の藤森の手になるものだから、より研究者としての森本の像を捉えている。二粒とは森本とミツギ夫人を指している。その中でももっとも大きな功績は、弥生時代に水稲農耕が始まったという説を追求する描写である。しかし本書によれば、森本の農耕論は学界から黙殺同然だった、と述べている。

ところが彼が亡くなって一年も経たないうちに、異変が起こった。それは彼の郷里に近い唐古池から弥生式土器や木器がこれでもかと発見されたのである。

森本六爾の人生は「考古学エレジー」そのものだった（写真提供＝清水真一）

戦後になり静岡県登呂遺跡の発掘調査で、弥生時代の水田や穀倉も現れて、森本の学説は決定的に証明された。登呂遺跡の調査のリーダーとなったのは森本の弟子の杉原荘介（のち明治大学名誉教授）というのも因縁を感じさせる。

作品の最後の結びの一節である。

＜しかし、あの二人の人は、笑っていうだろう。

「一粒の籾、地にこぼれ落ちたならば、ついには二粒の籾に終わらないだろう。君、――学問というものは、いや人生というものはね、そういうものなんだよ」＞

また昭和四十四年に森本の著作が復刊されたのも、森本ブームを後押しした。

葦牙書房から昭和十六年に刊行された森本の『日本農耕文化の起源』が、神田神保町の小宮山書店から復刻されたのである。藤森栄一が編纂したものだが、生前の森本の原始農業関係について書いた論文をまとめたものである。

さらに考古学徒のバイブルになったのは、藤森栄一が書いた考古学エッセイの『かもしかみち』だった。初版は葦牙書房から昭和二十一年に刊行されたが、いくども版を重ね、学生社からも再版された。

冒頭の一文である。

＜かもしかみち　私の考古学手帳から

深山の奥には

今も野獣たちの歩む人知れぬ路がある。ただひたすらに高き高きへとそれは人々の知らぬけわしい路である。私の考古学の仕事はちょうどそうした　かもしかみちにも似ている。＞

この甘美な文体は感傷的になりがちな若者の心を魅了した。

柳澤一男も森本の生き方に影響を受けた一人である。森本の持つ帝国大学に対する反骨の面にも共鳴できるものを感じた。

「すごくロマンチックですね。そして考古学にかける情熱には感動しました。僕の胸に沁みましたね。森本は過去の存在ですが、彼は当時考古学の権威である京都帝国大学に反発もしている。あの強い思いには共感しました。僕らには共鳴できる環境にあったということでしょう」

島津も同様だった。彼も高校時代に森本の名前を知っていたが、より親近感を持ったのが、國學院大學に入学してからだった。担任の教授が丸茂武重で、彼は若い日に東京考古学会に所属し、森本の弟子であったのである。丸茂は「考古学は文学である」という森本の言葉に心酔し、考古地理学を専門にしながら、原始美術にも造詣が深かった。

丸茂は講義のたびに森本の思い出を語った。ちょうど島津が大学に在学しているとき、森本の著作が復刊されたのも、森本への思いを後押しした。『原始史学』第二号に、柳澤と島津の連名で「考古学と吾々」という一文があり、そこに森本六爾について論究している。

＜……彼の所謂「個性の考古学。」――日常生活の中から生まれ出た苦しみ、そして、それによってかき乱された知性・悩み、その様な、日常生活の中にある教養などを越えた、人間の奥深く持つ〈実感〉を、個々の物（遺物）の持つ奥行きと、その関係し合う中に持つ深さ、に交流させつつ遺物の本質に迫まって行くと言う方法。……遺物と自己の深淵さを自覚するが故、遺物、遺跡をして語らしめる前に、まづ自分自身を語らねばならない、と言う考古学――に吾々は強く惹かれた。＞

森本の生き方は、学生運動をする若者にも影響を与えた。学生たちは考古学に向き合い自問自答を繰り返していた。

森本は、遺跡や遺物に向かうだけでなく、何があってもたじろがない自我を形成し、誰にも隷属せず、誰も支配しない、自分は自分以外の何ものではないと信じることが大事だと、生前に語っていた。そんな考えが、当時の迷える学生たちの支えとなった。

島津は言う。

「森本のような生き方はいいなと思ったんです。でも中には〃考古学をロマンでやるのは間違いだ〃〃異端児の森本は駄目だ〃と批判した人もいたんですよ。科学的にやれと」

森本の壮絶な人生は考古学エレジーそのものである。考古学エレジーを歌った世代に森本への憧憬があったことは間違いない。

森本が生きた時代に考古学エレジーはなかった。もし生きていれば、何と言うであろうか。

「なんだ、俺のことか」

と苦笑したことだろう。

なお、森本は畝傍《うねび》中学から國學院大學を受験して合格しているが、十人兄弟姉妹の長男だった彼は、上京を許されず、入学できなかった。考古学エレジーは、國學院の学生によって生まれた。そこに不思議な糸が結ばれている思いがする。

※1 **岩戸山古墳**＝福岡県八女市にある全長一三五メートルの前方後円墳。九州最大の規模を誇り、筑紫国造磐井の墳墓と呼ばれている。

※2 **円匙**＝エンピとも書く。スコップのこと。

※3 **富岡5号墳**＝群馬県富岡市七日市古墳群の一つ。直径三〇メートルの円墳。調査後破壊。

※4 **唐古遺跡**＝現在は唐古・鍵遺跡と言う。奈良県田原本町大字唐古から鍵にかけて所在する弥生時代の環濠集落遺跡。

※5 **明石原人**＝昭和六年に兵庫県明石市西八木海岸で、直良信夫が発見した人骨。直良は旧石器時代人（明

石原人）の骨と主張したが、骨が東京大空襲で焼失し、いつの時代か結論は出ていない。

第二章

活躍する考古ボーイ

何を求めてゆくのやら
遺跡に向かうこの俺は
若い命の灯かかげて
ひたすら歩むこの道を

写真：昭和44年、向野田古墳の測量を行う
宇土高校社会部員（写真提供＝髙木恭二）

現在、「考古ボーイ」という言葉は使われなくなった。少年時代から貝塚や古墳を回って土器の破片を拾い、古代のロマンを夢見る少年と定義したらよいだろうか。そんな経験から考古学の道に入った研究者も多い。

また昭和三十年代から四十年代にかけて、全国の遺跡発掘の担い手は高校の考古学クラブ（または郷土研究部など）だった。高度経済成長が始まり、開発工事で遺跡が消えてゆく。当時は行政に文化財担当職員も少なかったので、高校生の手による発掘が頼りだった。

そのような背景のために、考古ボーイがますます学びを本格化することができた。

廊下に立たされ興味をもつ――髙倉洋彰

西南学院大学名誉教授で、現在（平成二十八年）日本考古学協会会長の髙倉洋彰もその一人だ。考古学への興味は意外なきっかけだった。彼は昭和十八年生まれだから、エレジー世代より少し前になる。

福岡市立平尾小学校四年生の髙倉は「近くの文房具屋で小刀を万引きした」と同級生から教師に告げ口された。身に覚えのない話だった。髙倉は懸命に弁明したが担任は信じてはくれなかった。

「残って廊下に立っとけ」

叱られて廊下に立っていると、窓から学校の拡張工事をする光景が見えた。そこから古墳の石室が出てきた。放課後、高倉が工事現場に行ってみると、須恵器の破片がいっぱい出ていた。当時は文化財行政も整備されてなかったので、工事前に発掘調査をしていなかったのである。古代の土器ということで興味を持った彼は土器を持って帰って、きれいに洗った。さらに接合してみると、きれいに繋がって完形品になった。担任の教師も歴史が好きだったのが幸いした。教師は彼の行為を褒めてくれ、話題となって、新聞に「感心な考古学少年」と記事になった。

「小学校四年で新聞に載るなんて滅多にないでしょ。嬉しくてね。また同じことやれば、載るんじゃないかと。そういう功名心がこの世界に入るきっかけでした。告げ口にはむしろ感謝しないといけませんね」

考古ボーイの誕生である。高倉はその定義を語った。

「受験勉強もせずに山野を駆け巡って土器や石器を採集して楽しみ学ぶ若者のことです」

高倉は筑紫丘高校に進むと、郷土研究部に入部した。当時福岡県は県教育委員会の渡辺正気が文化財専任として孤軍奮闘していた。工事で開発は進み、遺跡は壊されようとした。

「渡辺先生一人で発掘していたら遺跡の全貌がわからない。それを高校生の力で調査をするのです」

昭和三十年代の福岡県は、朝倉高校、小倉高校、福岡高校、糸島高校、嘉穂《かほ》高校などの考古学クラブが精力的に活動していた。考古ボーイは、学校の垣根を超えて、渡辺正気のもとで発掘し、教えを受けた。いつしかその場は渡辺塾と呼ばれるようになる。このとき渡辺は「柳田君のようになりなさい」と言った。

柳田とは、後に福岡県教育委員会で同僚になる柳田康雄で、朝倉高校の歴史部で熱心に活動していた。柳田は高校生ながら日本考古学会の会員になり、学術誌『考古学雑誌』に論文が掲載されていた。もう一人の高校考古学部の指導者がいた。当時定時制の高校教師で、後に九州産業大学教授になる森貞次郎である。彼は國學院大學で考古学を専門に学んでいたので、県下の高校生を連れて調査に連れて行ってくれた。

高倉は、「アメスコ」という折り畳み製のスコップを持って、調査に出かけた。

「高校生が掘って、大事なところは九州大学の学生が掘っていました。賃金も交通費も出ませんでしたが楽しかったです」

高校二年生の春休みも毎日調査に出かけた。

「土から遺物を掘り出したときの感激ですね。それがないと続けようという気にならなかった」

春日市の大南遺跡という弥生時代の環濠集落（※1）だった。このとき九州で最初の銅鐸型銅製品（小銅鐸※2）が発見され、新聞にも大きく掲載された。これが後に彼を銅鐸の研究に向かわせるきっかけとなった。

ところが発掘のある日、渡辺がまじまじと高倉を見た。

「今日、君の学校は始業式じゃなかったか」

このとき髙倉は、学期初めの日を知らずに調査に来ていたことを知った。彼はそれまで欠席したことは一度もなかった。

「皆勤賞がもらえなくなった」

そのとき呟いた。

筑紫丘高校の校風はおおらかで、生徒は青春を謳歌しなさいという雰囲気があった。いい大学に行きたければ浪人して行けという方針だった。そのため発掘にも大いに出かけることができた。

「行政に埋蔵文化財体制ができる前に、遺跡を保存したのは高校生の力です。ただ調査をしても考える力がないわけです。それを教えるのが大学なのだと思います」

髙倉は九州大学に進み、本格的に考古学を学ぶことになる。

ただこの時代、大学で考古学を専攻したといって、それを職業にすることは困難だった。大学入学時、県の教育委員会に文化財担当がいるのが全国で六県しかなく、行政に入る道もなかった。高校の教師になって趣味として勉強するか、町の公民館に勤めるかだったが、それでもいいほうだった。

実際、高校から大学に進学するときも、考古学をやっても将来性がないという理由で、経済学部に行く者もいた。大学で考古学を学んでも企業に就職する者も多かった。髙倉の場合、浪人中に父親を亡くし、五人兄弟姉妹の長男だったから、就職のことも念頭にあった。

ある日、発掘中に文化財保護委員会（現・文化庁）の技官がやって来た。そのとき高倉は技官に聞いた。

「あなたはどうして考古学をやっているんですか？　どうやったら職業に結びつくのですか」

このとき技官の回答はあっさりしたものだった。

「好きだからやっているんでしょう。職なんかどうだっていいでしょう」

考古学を学ぶことはそんなものだった。

恩師の担当教授だった鏡山猛も岡崎敬も「専門的に研究して飢え死にした者はいないから、いつかはどうにかなる。その日まで頑張れ」と言ってくれた。

高倉は、なおさら初志貫徹という言葉に力が込もる。

「自分の場合、おふくろが頑張ってくれて大学に行けたわけですが、自分がこれだけはやりたいという気持ちがあれば、なんとかなるものです」

この頃、高倉も森本六爾の影響を受けている。松本清張の『断碑』も読み、仮名の人物たちを一人一人実在の人にパズルのように当てはめてみたりもした。

「何か自分の境遇と似てるところもありました。職も見えないのに、学問を目指す点がですね」

しかも高倉は弥生時代を専門にしたから、森本が力を入れた分野と同じである。そのため彼の残した論文を片っ端から読んだ。学術としての森本の論文を研究したのである。もう一つは鏡山猛からの薫陶である。

「私は考古ボーイだったわけです。現場に行って発掘するとか、土器を取って時期を見るとか、そういう力はありましたが、理論はありませんでした。これはなぜこうなったのかと考える力がないわけです。それを先生が広い教育力で引き上げてくださった」

学部生のときの「外書講読」の講義だった。鏡山が選んだテキストは「レジャータイムズスタディ」というテーマだった。そこには考古学はレジャータイムの学問であると記されていた。平和の時代にはいいが、戦争の時代には成り立たない学問であると書かれていた。鏡山の意図は別のところにあった。

「そうじゃないだろ。その意味を考えてみなさい」

自分の見解と異なるテキストを使うことで、学生たちに自らの頭で考えさせようとしたのだ。高倉は語る。

「当時は歴史学は文献で、考古学はその補助だという位置づけでした。それが考古学も頑張って、今は歴史の両輪という存在になった。長い間の研究者の努力ですね。文献史学も考古資料を無視してはいい研究はできませんからね」

ただ発掘が楽しい、という考古ボーイに理論という能力が育っていったのである。高倉は鏡山からこうも指導を受けている。彼は高校時代から鏡山と接点があった。

このときは古墳時代の研究をしたいと思っていたが、鏡山の助言を受けて考えが変わった。

「鏡山先生はこう言われたのです。古墳時代の研究をするためには、首長の存在がある。権力者ですね。縄文時代からいきなり出てくるわけではない。弥生時代からその段階がわかる。その段階と、格差をもたらすものは何だろうかと。それは米だろうと。ちょうど森本六爾も水稲農作の研究やってましたからね」

それが、高校時代の小銅鐸の発見とともに、彼を弥生時代の研究に向かわせた。


高倉が考古学エレジーを知ったのは、大学院生の頃である。

創作者の一人、島津義昭がこのとき福岡市教育委員会に勤務しており、彼が九州大学のコンパの席で歌ったのがきっかけだった。

高倉もエレジーの背後に歌われた原風景が、自分の体験と重なる。

大学院のドクター時代の話である。志賀島にある金印出土地の調査に行ったときだ。傾丘の斜面に遺跡があるから、昼休みは道路に下りて休憩した。そのとき幼稚園の先生が、園児を連れて通った。使い古しで泥まみれの作業着姿の高倉たちが道路に座っていた。先生は彼らを生活困窮者だと思った。

「いいですか、みんなもしっかり勉強しないとあんなふうになるよ」

そう園児に言って聞かせた。園児は立ち止まって、座っている高倉たちを珍しそうに見た。彼は

「いいじゃないか、九大生になれるんだから」と思ったが、言い訳するわけにゆかず、苦笑するしかなかった。後に、高倉が研究者になって志賀島で講演したときだった。このことを笑い話にして話したら、講演後、園長先生が血相を変えて「まことに心ないことを申しました」とお詫びに来た。

「まあ考古学やるのはそんな感じですね。もう考古学エレジーの世界ですよ」

この頃の考古学を学ぶ者はバイタリティの塊だった。研究室で飲もうということになって、酒の肴を探したが金もなく、手頃な肴がない。近くを国道3号線が走っていたが、そこを越えれば海だった。そこで皆で海に繰り出してアサリ貝を掘って、箱いっぱい研究室に持ち込んだ。発掘は彼らの専門だから、苦もなくアサリ貝は見つかった。

研究室の水槽に入れて、やがてバター焼きを作って皆で食べた。鏡山は飲まないが、先生にはアサリの味噌汁を作った。

「僕らのときは発掘のたびに考古学エレジーに歌われた歌詞を体験しました。唐津市の谷口古墳の調査では、皆地主の娘さんに見とれたこともありますが、なにぶん僕らの格好が汚かったので、手も足も出なかった。今の学生たちはきれいな格好で発掘し、良家のお坊ちゃんになりましたね」

もう考古学はエレジーではなくなってしまった。

高倉が大学院を出る頃には、行政にも文化財担当職が作られていた。昭和四十九年に高倉はドクターを修了し、福岡県教育委員会文化課に就職が決まった。このとき三十歳を過ぎていたが、考古学の専門職として生きていくことができたのである。

ところがまたしても考古学エレジーを体験する事態が起きた。

四月に入庁したときである。一日目は任命式、二日目は研修があったが、高倉はドクターを出ているから、三日目からすぐに発掘現場に行ってくれと指示があった。幸い現場が自宅から近かった。そのためゴム長と作業着を着て出かけようとしたら、母親が突然泣き出してしまった。

「あなた私を騙したのね」

「何で?」

母親は真剣な目で、息子を睨んでいる。

「あなたは私に九州大学のドクターを出たと言ったじゃない。その格好は何なの? いつまでも遊んでいるわけにはいかないのよ」

てっきり日雇い人夫と思ったらしかった。

県庁に勤務と言えば、背広にネクタイというイメージがあった。あまりにもイメージとかけ離れた格好を不思議に思っても仕方のないことだった。

「考古学は人夫に間違えられるのかと思いましたけどね」

高倉は述懐する。

考古学エレジーと考古ボーイは時代をともにするセットのようである。エレジーが歌われなくなり、考古ボーイも絶滅危惧種になった。

「考古学研究者を育てるには考古ボーイは必要なのです。考古ボーイでなくても立派に育つと思いますが、考古ボーイのよさは、遺跡、遺物にしろ執着する強さがある」

高倉は自身の体験を踏まえて、そう語った。

高校生が学術論文――柳田康雄

「君たちも柳田君のようになりなさい」

渡辺正気が話したのが柳田康雄だが、彼は中学時代から自ら論文を書き、福岡県・朝倉高校史学部でさらに磨き、國學院大學に進んだ。卒業して福岡県教育委員会に勤務し、後に國學院大學の教授になった。退職後柳田は、糸島市の弥生時代後期の墳墓であり、自身も発掘にも参加した平原王墓の近くに居を構え、研究生活を送っている。

朝倉高校史学部は創部も古く、九十年近い歴史を持つ全国屈指の考古学クラブである。現在も資料室を持ち、生徒たちが発掘した遺物が展示されている。

柳田が考古学に関心を持ったきっかけは中学時代で、それは、

「たまたま考古学に詳しい先生がいたからですよ」

という理由であった。当時の『考古学雑誌』を見ると、「朝倉通信」というコーナーがあり、朝倉中

学の教師たちが資料紹介を行っていた。その先生が考古学クラブを作り、論文を投稿するうちに朝倉郡で発行する論文集に掲載された。そこから面白くなり、研究を進めるようになった。

中学時代には「郷土史」という題で大学ノート一冊分の論文を書いている。朝倉地方の古代史について調べ尽くしたもので、資料を鵜呑みにせず、遺跡に足を運び、写真を撮り、自分で実測している点が、考古ボーイの行動力を示している。

そこには教師の批評が赤ペンでこう記してある。

〈この研究論文はまさに君の考古学に対する深い関心とたゆまぬ研究努力の成果です。熱心にコツコツと不断の研究を続けてきた態度はじつに立派なものだと思います。考古学の知識もなかなか豊富。中学生とは思われぬ、繰り返している調査の出土品の記録、鑑定の仕方、しっかりしています〉

この頃は畑の開墾、ミカン畑の造園で遺跡が破壊されていた時代だった。行政にも文化財担当はいなかったので、文化財保護法も無意味だった。その中、雨が降ると、柳田少年は丘陵へ出かけ、遺物を求め、きちんとノートに記録した。今で言う記録保存のはしりではなかったか。

「とくに書き方を教わったわけではないですが、当時のカメラはアップが利かなくて大変でしたね」

柳田は語った。昭和三十五年、朝倉高校の史学部に進む。朝倉高校は福岡県を代表する考古学クラブの伝統校である。部員は百名を超えていた。

そこには古賀精里と高山明という指導者もいた。二人に連れられて、開墾される遺跡の調査も行った。次々と古墳がミカン畑に変わる中を調査して、取り出した遺物を部報に紹介した。初期の須恵器もあったし、三角縁神獣鏡も出た。邪馬台国の候補地に挙げる説もあり、遺跡には恵まれていた。

「県や市には文化財専門の職員はいませんから、高校で発掘して、その成果を雑誌にしていたんです」

出土遺物は高校の資料展示室に置かれた。

福岡県に文化財専門職ができたのが昭和三十五年だった。その最初の人物が渡辺正気で、それまでは九州大学で助手をやっていた。文化財職には渡辺一人しかいないから、どうしても県のすべてに目が届かない。遺跡分布図を作ろうにも歩き回ることは不可能だから、彼はそれぞれの地域の高校のクラブに任せた。

朝倉高校は甘木、朝倉地方に詳しいから、担当して遺跡カードを作り、分布図を手伝った。渡辺の紹介で、柳田は高校一年にして日本考古学会にも入会した。

そして渡辺も瞠目するように、高校時代に「福岡県朝倉郡夜須村吹田発見の鉄戈」という論文（資料紹介）が『考古学雑誌』（昭和三十七年九月発行）に掲載された。

顧問の教師が生徒を連れて遺跡見学に行ったが、このときに見つけたものだった。すでに高校時代にこの地域の甕棺の出土一覧表も作成した。これは全国でも類を見ない画期的な試みだった。同じように学術誌『九州考古学』にも自分が採集した初期須恵器を資料紹介している。

彼が高校時代に書いた論文は、朝倉郡などでたびたび賞を受けている。早熟な天才児という感があるが、やはり考古学の道に進むのは高い壁があった。

柳田は國學院大學で考古学を学ぼうと思った。しかし一悶着があった。家族や親戚が「考古学で食えるわけはない」と猛反対したのである。心配した父親が、考古学者の森貞次郎の許に行った。森は福岡県の高校を指導していたので、柳田に目をかけていたのである。

「子供がどうしても大学で考古学をやると言ってきかない。将来は大丈夫でしょうか」

國學院大學は森の母校である。だが彼は「考古学はやめなさい」とはっきり言った。

しかし柳田は反対を押し切って上京し、考古学を専攻した。

「もう親戚中はミソクソでしたよ。卒業後は大学の先生になるか、博物館に勤めるかしかないですからね。やはり好きでないとやってゆけない世界ですよ」

柳田は理論よりも、モノを見て、実物をしっかり見て、図面を正確に取るのがモットーだ。当然のように遺跡にも何度も足を運ぶ。

彼は大学卒業後、一年間福岡市の大濠高校の教師をしていた。彼はその折、九州大学の学生と発掘したが、より細かく正確な図面を作ることを彼らに厳しく指導し、震え上がらせた。彼は今の大学が理論偏重になりすぎて、発掘現場に行かないことに悲観的だ。

「先生が理論家になったから、欧米の理論考古学に変わりつつありますね。横文字が読めるからそこに走ってしまうのでしょうか。学生もそちらに飛びついてしまう。実測もせんでいいからね」

柳田が指摘するように、現在は多くの大学で以前よりも発掘現場に行く機会が少なくなっている。行っても期間も短い。彼の図面へのこだわりは強い。

「私は実物そのものの図を書きます。青銅器でもそうですが、輪郭が書ければそれでいいというものでもない。私は鋳造技術、研磨技術、使用痕跡まで見抜いて、一つの図面に入れます。そこまで書く人はそんなにいません。一ミリの断面の傾きでも、韓国の鋳型と日本のものは違う。そこから日本製、韓国製の見分けもできるのです」

これが考古学の基礎であり、正確に遺物や遺跡を報告し、実証の積み重ねから理論は生まれる。初めに理論ありきではない。「私は大学でも、論文を書こうとするなら実物を見なさい、遺跡に行きなさいと言ったものです。理論に流れてしまうと、仮説、仮説に固執して考古学はできませんね。やはり現場に行かないといけません」

考古ボーイは、足を使って遺跡を回り、遺物を見て目を輝かせるのが特徴だ。そこからこの遺跡や遺物は、どこの時代で、どんな名称なのか、どんな模様があるのか、それはどこの地域に広がっているのか、とモノを見る目を養ってゆく。そこが大きな強みである。誰よりも遺物を見て、正確に記録する。それは考古学の原点だ。

高校生で高松塚発掘――宇野愼敏

「高松塚を掘らせてください」――。

高松塚古墳の発掘に参加した高校生がいると知って驚いた。一方で、怖いものなしに突き進む「考古ボーイ」だったら少しもおかしくないとも思った。

当時関西大学第一高校の三年生だった宇野愼敏（北九州市芸術文化振興財団埋蔵文化調査室）がそうである。彼は高校の地歴部にいて、遺跡巡りに熱中していたが、まだ発掘の経験はなかった。

昭和四十七年の三月だった。関西大学に進学が決まり、本格的に考古学を学ぶ意志を持ったとき、衝撃的なニュースが飛び込んできた。奈良県明日香村にある高松塚古墳から、極彩色の女性の壁画などが発見されたのである。世紀の発見だった。調査には、関西大学助教授（当時）の網干善教がいた。

宇野は、自分が入学する大学が大きな発見をしたと知った。やがて「自分もこの古墳の調査に参加したい」という衝動を抑え切れなくなった。

これが考古ボーイ特有のマグマのような情熱である。彼らは古墳を見るためだったら、藪の中も、草茫々の山も、マムシに噛まれる恐怖も厭わず突き進む。

宇野は、関西大学の考古学研究室に行った。

研究室には、橿原考古学研究所研究員でもある網干がいた。宇野が調査に参加したいと伝えると、網干は、

「ほなら、卒業式が終わってから来なはれ」

と言ってくれた。彼の熱意に負けて、網干は特別に参加を許したのだった。

宇野が高松塚に行ったときは寒かったことを覚えている。同時に途切れることのない多くの人が出入りしている光景に驚いた。もう一つは古墳の小ささである。直径二三メートル、高さ五メートルの円墳である。これまで彼が見てきた大仙古墳（仁徳天皇陵古墳）などと比較するといかにも小さかった。

「これが大発見の古墳かと思いましたよ」

宇野の率直な感想である。網干は彼を古墳の入り口の反対側に連れて行った。古墳の傍の地面を掘れと言った。もう調査も後半で、内部主体よりも古墳の周囲の調査に移行していた。そこには関西大学生の直宮憲一（のち宝塚市教育委員会）がいて、網干は彼に言った。

「今度関大に入る宇野君だ。面倒を見てやってくれ」

そう言うと、網干はどこかへ行ってしまった。直宮は、宇野に鍬を持たせると、トレンチを掘らせたが、宇野は地面の固さに参ってしまい、一日で掌のマメをつぶしてしまった。

彼は当時を回顧する。

高校時代の宇野。古墳の石室の中で

「ものすごく土がしまっていました。鍬を下ろしても跳ね返されるんですよ。身につまされるくらい固かった。九州の古墳を掘るとスパスパ鍬が入りますが、本当に土が違うんですね」

すでに壁画の保存のため石室は塞がれていたが、石室への入り口を見るだけで宇野は感動した。この奥に古代女性の壁画があるという思いだった。

「本当に現場が嬉しかった」

と彼は今も目を輝かせて語る。

「トレンチから遺物は出ませんでしたけどね、人がしゃがめるくらい掘ったのを覚えていますよ」

さすがに初めての発掘は疲れる。一息ついたとき、トレンチの中で煙草を吸っていたら、周囲の調査員に一喝された。

「煙草吸う奴があるか！　お前は高校生だろ」

彼は自動車学校に通うときに煙草を覚えたのである。調査に二、三日通った。入学式などで調査も中断したが、彼にとって高松塚の体験は、その後の考古学人生へ大きく舵を切るものだった。

宇野は関西大学に入学して、考古学を学ぶ新入生とともに研究室を訪れた。このとき四十名の新入生がおり、先輩たちは「今年は高松塚の影響で多いね」と目を細めた。

だがある人は呟いた。

「だけどこのうち何人残るやろ」

これが宇野の本格的な考古学人生の始まりだった。

結婚相手みたいにビビッと来た！

昭和二十八年生まれの宇野が考古ボーイになるきっかけは、ひょんなことだった。中学二年生の歴史の授業で大阪府堺市の大仙古墳の航空カラー写真を見て、一瞬で古墳の虜になったのである。

「前方後円墳の意味もわからないのに、すごく惹かれて実物を見たくなってしまったのですね」

彼の家は大阪府吹田市にある。その週の日曜日に一人で自転車を漕いで堺市の大仙古墳まで行ってしまった。その頃はサイクリング用の自転車はなく、ギアもない重い自転車だったが、それに乗って大阪市の繁華街を横切って、古墳まで行った。車も多かった。

「もうお尻も痛かったのですが、無我夢中で一時間かけて行きました。見たい、見たいの一心でした」

距離にして三〇キロ。航空写真しか頭に描いていなかったので、下から見上げた古墳はどこが古墳のどの部分なのか見当がつかなかった。ただ必死で二キロある外周を回った。

「何もわからずに、こんなに大きいのだということで感動して、帰ってきました。すごいなと思ったのです」

まだ考古学が何をする学問かもわからなかった。

夕方帰ってくると母親は「アホやな。事故起きたらどうすんの」と怒った。

なぜ、そこまで虜になったのか。宇野に聞くと、彼もしばし考えて呟いた。

「結婚する相手見つけたとき、ビビッと来るのと一緒でしょうね」


宇野は関西大学第一高校に入学する。そこには地歴部という考古学を学ぶクラブがあった。地歴部に入ろうかまだ決めていなかったが、廊下を歩いてゆくと、部の紹介のポスターがあった。そこには横穴式石室を正面から写した写真があった。中は真っ暗だった。下には〈地理、歴史を勉強しませんか?〉と書かれてあった。

「石室の中の真っ暗な写真に惹かれてしまった。ここでこの部に入ろうと思った」

先輩部員に尋ねると、ここに古代人が埋まっていたんだと教えてくれた。

理論的な勉強はせず、ただ古墳を、遺跡を見るのが楽しかった。野上丈助の『河内の古墳』、吉川弘文館から出た小島俊次の『奈良県の考古学』を見ながら古墳の場所や特色を知った。古墳の石室に入るたび、

「とても面白かった」

という感慨が湧いた。宇野のフィールドは大阪を拠点に奈良、兵庫まで足を広げた。奈良県天理市

のウワナリ塚古墳（※3）という前方後円墳も見に行った。

「あの時代だと高校生で実測とかやられた人もいましたが、僕はそこまで行っていません」

さて、天理市に行ったときだったが、宇野は古墳探しに熱中していると、草むらでぼっとんと穴に落ちてしまった。畑の肥え壷に足を入れてしまったのだ。

「はまった！」

と声に出したが、遅かった。ズボンはべっとりと肥がついている。すぐに農家に駆け込んで洗ってもらったが、臭いは取れなかった。そのままズボンをはいて古墳を見て回ったが、乾きはしたものの、電車に乗ると、まだ臭った。

土曜日だと授業が終わってすぐに近鉄電車に飛び乗れば、三基から四基の古墳を見ることができた。

「大学では考古学を選びましたが、将来のこととか全然考えていませんでしたね。とにかく考古学をしたい、それで飯が食えたらいいな、やっていれば食えるんじゃないかと思っていました」

しかしこの当時は就職難で、とくに団塊の世代だったから、学生数も多かった。考古学の世界に門戸が開いていたが、求人はわずかだった。だが考古ボーイは、先のことより今を優先する。考古学をやれることが嬉しかった。

伝説の末永雅雄研究室

宇野が関西大学文学部史学科に入学したときは、橿原考古学研究所所長の末永雅雄が名誉教授で週に一度教えに来ていた。「考古の巨星」と呼ばれた末永である。末永にとって宇野は孫の世代である。

「関大は末永先生の方針もあって、勉強したいものは自由に研究室に来てよかったんです。語学の講義があろうが現場に行きたければ行ってよしということでした」

末永の威光は研究室でも健在だった。彼は宇野たちに言っていた。

「現場に百回行くこと。実測は四年間で千個書け。発掘に行くのなら場所さえ届けてあればどこに行ってもよろしい」

宇野が部屋の壁を見ると、先輩たちの行き先が貼られてあった。

＜河上邦彦　〇〇県　〇〇遺跡＞

＜学生募集　〇〇古墳　〇月〇日〜〇月〇日まで＞

一年生が必修する語学や一般教育は少し出るだけでよかった。ちょうど東大寺の法華堂の屋根修理があったので、宇野はさっそく瓦の拓本を覚えたいと思い、四月の下旬から調査に行った。二週間、大学の講義もほとんど出ずに瓦の拓本を教わりながら取った。あまりにも大量の瓦だったので指が痛くなってしまった。それが終わると中宮寺の外堀の調査。毎朝五時に起きて、ひたすらトレンチを掘った。

先輩たちも鉛筆の削り方から教え、「実測機械のレベル（※4）は一分で立てろ」と厳しかった。夏休みになると、奈良県宇陀市榛原区にある谷畑古墳の調査に行ったが、盆明けになると、九月からの定期試験を見越して先輩たちの姿が消えていった。一年生の宇野は網干に相談しながら、手伝いの農家のおばさんと一緒に図面を取った。木棺直葬の四世紀末の古墳だった。

さて定期試験が始まった。ほとんど講義に出ていない宇野は問題が出てもさっぱりわからない。仕方がないので答案用紙に「何月は〇〇古墳の調査、この月は〇〇遺跡の調査に行っていたので授業に出られませんでした」と書いた。歴史関係のテストは、末永の働きかけもあって、それでパスできた。しかし歴史とは別分野の語学のテストは通用しない。

考えた挙句、答案に古墳の絵を描いた。

宇野が四年間で行った発掘現場の回数は百五である。この記録は今も関西大学では破られていない。最近、研究室に行ったら、

「宇野さんの記録は抜かれてませんよ」

と考古学の教授は言ってくれた。前人未到の発掘現場記録である。

一方、末永は学生の礼儀については厳しかった。

末永は退任後も、図書館の三階に研究室を持っていた。彼が研究室に来る日は、階段から研究室の机までゴミ一つないようにきれいに雑巾がけしなければならなかった。ズボンにはきちんと折り目を

つける。生真面目な学生はジーパンに折り目をつけた者もいた。

さらに日曜日には自宅で学生たちの勉強会を主宰してくれた。学生たちがやって来る時間に、彼は門の前で正座して待っていた。会が始まり雑談すると、末永の雷が飛んだ。

末永は常々言っていた。

「本は自腹で買うこと。手に入らない本だけはコピーしてよい。だけど図は自分で書き写しなさい」

そこには末永なりの思いがあった。

「コピーで通した者の論文は大成しない。その場しのぎのものにすぎないんだ。論文自体に系統的な研究ができていないからだ。つまみ食い的な興味を持ったところだけしか調べていないのでは学位論文を取るには至らない」

小田富士雄の教え

卒業旅行では福岡に行き、九州の遺跡を見学することにした。ところがそこで現場を行うことになり、九州との縁ができ、宇野はそこで行政の文化財専門職に就くことになる。

そんな福岡でのエピソードである。卒業してしばらくは、彼は行政の嘱託だった。

この頃、大正時代に発行された『京都府史跡名勝天然記念物調査報告』（※5）二十数冊が復刻された。戦前に出された『日本古文化研究所報告』全十巻も復刻された。就職したての宇野はどうしても欲しくて二十万円出して購入した。すべてローンである。十万ほどの給与で八万円が本のローンに飛ぶ。たまりかねた上司が言った。

「お前、こんなことしてたら本の支払いでメシ食えんぞ」

ついに給与を差し押さえられ、毎月二万円ずつ宇野に食費を渡した。あとは上司が使わぬよう保管した。

やがて宇野は正規の職員になるが、ここでもエピソードがあった。

九州まで引っ越しするとき、本の量は六トンコンテナいっぱいになった。借家の二階に本を積んだら、玄関の戸が本の重さで開かなくなってしまったのである。借家を壊したら大変だから、引っ越しした。

九州では北九州市立考古博物館長の小田富士雄（現・福岡大学名誉教授）に師事した。小田からは、時間を有効に使って、論文を書くことの姿勢を教わった。小田はじつに多忙な研究者だ。だが平気で五つ、六つの仕事を併行して仕上げることができる。宇野に言わせると、

「小田先生は前向いて朝日新聞、後ろ向いて読売新聞、左を見てＮＨＫと、そういう仕事の仕方をされるのです。一つの仕事だけをやってはいけない。君もそうしなさいと教えられたのです」

小田は、次は「前方後円墳の発生について」「終末期古墳について」「韓国の装身具について」とか、

多様なテーマを与えて宇野に論文を書くように命じた。分野も多岐に及んだが、必死で調べ上げて書いた。資料も「この本を読みなさい」と助言した。書き続けてゆくと、古墳時代を通した一貫した研究になった。

昼間は発掘現場をやっていて忙しいから書けないと言うと、小田は容赦なく叱った。このとき小田は朝方に生活スタイルを切り替えることを教えてくれた。

以後、毎朝四時に起きて出勤までの時間を論文執筆に充てるようになった。だいたい原稿用紙七から八枚を書くことができる。二週間で一本の論文が完成する。出張中は夜ホテルで原稿を書き、ファックスで送稿した。食卓の茶碗を片付けて、そこで報告書も書いた。以後、年間に四本の論文を書き続けた。論文を発表すると、小田は必ず感想と助言をくれた。

皆は、現場もしながら論文も書けるのかと訝しがったが、彼の答えは明瞭だった。

「そんなに苦しいことじゃない。資料集めだけは毎日毎日しておきます。報告書や本を見たらぱっとメモ取って、ファイルにしています。今度はこれを書こうと資料を集めたりしています。これも小田先生の影響です」

書き続けた論文は、平成十五年『九州古墳時代の研究』という題で一冊の本として学生社から刊行された。これが博士論文となり、文学博士の学位を得ることになった。このとき彼は五十歳になっていた。

宇野は語る。

「これは小田先生に鍛えられたおかげです」

宇野は関西大学時代に考古学エレジーを歌った記憶はない。関西大学は末永をはじめ、酒を飲まなかったので、歌われる機会もなかった。九州に来てから、誰かが酔って歌うのを聞いた程度だ。

　俺たちゃ歴史の探究者　縄文弥生に土師須恵器　我らが祖先を省みて　我らが歴史を作るため

ただ関西では、原曲の四番に、この歌詞をつけて歌われていたという。宇野の生き方を見ているとつい口ずさみたくなる。

平城宮発掘調査部唱歌――高島忠平

佐賀県吉野ヶ里遺跡の発掘を指揮し、保存に尽力した元佐賀県教育委員会の高島忠平（現・旭学園理事長）に「考古学エレジー」の思い出を聞きに行ったら、彼はソファーから机に戻り、「こんなのもあるよ」とプリントを差し出した。

題して「奈良国立文化財研究所平城宮発掘調査部唱歌」。「平城行進曲」「平城連行歌」「苦いレモン」「平城宮発掘哀歌」など当時の流行歌をもじって作られた唄を集めたものだ。

「平城行進曲」は、坪井たちの世代が作ったものである。軍歌「月月火水木金金」の替え歌だ。

朝だ八時だ。スコップ提げて。今日も掘る掘る柱の穴を。上は麦わら、下はゴム長。

うちの親父は、平城勤務。月・月・火・水・木・金・金

高島は昭和三十九年に奈良国立文化財研究所（奈文研）に入ったが、このとき二十人近い多くの新人が入所し、「石か玉かわからん連中」と室長の坪井清足（のち所長）に言われ、徹底的にしごかれた。この中には、佐原真、横山浩一、猪熊兼勝ら後に考古学界を背負って立つ人物たちがいた。

坪井は毒舌だった。高島は「三十九年組」と呼ばれたが、一方で「新兵」とも呼ばれ、それ以前に入った者は「古兵」と呼ばれた。その中で坪井は「軍曹」であった。

「本当に新兵集まれと言われたんですから。もういじめに近かった」

と高島は苦笑する。坪井に鍛えられている中、新兵はざれ唄を作って悔しさを紛らわした。

＜平城宮の発掘は、にがいレモンの味がする。閉じた瞼のその裏に、怖い室長の顔がある＞

「幼なじみ」の替え唄だが、この頃は「クレイジー・キャッツ」が一世を風靡し、次々とヒット曲を出していた。三十九年組は、これらの唄を替え唄にした。

これは「ハイそれまでヨ」を参考にしたもの。

あなただけが平城掘るの　お願い、お願い、平城へ来てね　そんなこと言われて、その気になって
平城へ来たのが、大間違い　叱る（怒鳴る）ことだけ三人前　一言文句を言ったなら
辞めてもいいいんだよ！　はいそれまでよ〜

三十九年組の勢いは止まらない。さらにクレイジー・キャッツの「悲しきわがこころ」を替え唄にした。

小学時代は優等生　高校時代も優等生　大学時代も優等生？　どうして平城では穀つぶし
ああ　悲しき吾が心　将棋に麻雀に徹夜して　深夜テレビで遅寝して　発掘現場で昼寝する
それでも平城の調査員

遺跡の保存運動

三十九年組は、ひとつの時代を作ったのも事実である。ちょうど高度経済成長期を迎え、高島らが入所した年に東京オリンピックが開催された。オリンピックに向けて東名高速道路など高速道路や新幹線などが造られ、建設予定地にかかる遺跡の破壊が問題化していた。各地域で遺跡の保存運動も起

きていた。

それは古代史を代表する遺跡の平城宮も同じ運命にあった。昭和三十七年に平城宮の西南部に近鉄電車の操車場が造られることで、大変な問題になっていた。この地は特別史跡に指定されていない。そのために工事の前に発掘調査が行われた。さらに四十年に宮の東側（東院）にも国道のバイパスを通す計画があることもわかった。ここに宮の張り出し部があることがわかった。奈良市民が保存運動を始め、高島たちも協力した。このとき文化財保護委員会記念物課長が来て、

「公務員が保存運動をやるべきじゃない」

と説教したが、その場で研究者は保存を主張しなければいけないと思い、意見を曲げなかった。バイパスは迂回された。

兵庫県尼崎市の田能遺跡もそうだった。

昭和四十年に尼崎、伊丹、西宮市共同の工業用水配水場の建設現場から、弥生時代の木棺や方形周溝墓などが見つかった。工事に追いまくられながらの調査だったが、高島らも調査と保存運動に参加。市民運動によって遺跡の破壊は守られた。

「こういうことをやるなら研究をしなさい」

と著名な大学教授から叱られもしたが、このとき彼は「遺跡の保存を決めるのは市民だ」ということを知った。

岡山県の津島遺跡もこの地に武道館が造られる予定だったが、弥生時代の集落跡が見つかった。高床式倉庫、住居、水田などが多数発見された。考古学を学ぶ学生たちの保存運動もあった。この頃、高島ら奈文研の平部員たちは「平部員会議」というのを作り、要望書を提出するようになっていた。彼らは文化庁長官が奈良に来たときに「津島遺跡の保存要望の声明文」を提出した。平部員会議は、遺跡の保存にも影響力をおよぼす存在になっていたのである。

「じつは奈文研で鍛えられた僕らを、日本各地の埋蔵文化財の発掘に行かせるという坪井さんの戦略があったのですね。文化財の保存整備、保護行政を担わせようとしたんです。そのためにしごかれました。当時の僕らはそのことに気づかずに、いじめじゃないかと言ってましたけどね」

このことがのちの吉野ヶ里遺跡の保存に生かされていくわけだが、高島は奈文研で十年間鍛えられ、昭和四十九年から佐賀県教育委員会に勤務する。

高島は昭和十四年に福岡県飯塚市に生まれている。弥生時代を専門とする彼には研究のフィールドとして佐賀は格好の地だった。さらに父や祖父の出身地でもあり、郷里の福岡にも近い。文化財行政は遅れていたが、この地を整備することが坪井の考える戦略の一つであった。

昭和六十一年に本格的な調査が行われた吉野ヶ里遺跡は、当初は工業団地の建設予定地で、調査後破壊される「記録保存」の方向で進んでいた。しかし発掘するとこの地から二千基を超す甕棺、環濠集落が見つかった。単なる弥生時代の遺跡でなく、九州の首長の拠点、古代の砦を思わせる国内でも最大級の巨大遺跡だとわかった。にわかに保存運動も起こったが、このときリーダーシップを取ったのが高島だった。

そのため高島は「ミスター吉野ヶ里」と呼ばれることになる。現在、吉野ヶ里遺跡は、保存され、史跡公園となり、建物など復元されている。

高島は言う。

「奈文研で保存整備の在り方もいろいろと学習してましたしね。佐賀県の遺跡、史跡保存の戦略を立てたのですね。それは奈文研で培ったことなんです」

そんな彼も、嘉穂高校時代は考古ボーイだった。彼は高校時代の調査を揶揄して〝盗掘〟と呼ぶが、その精力的な盗掘のエピソードを聞いた。

部長の迫力に押され入部

高島は昭和三十年に福岡県嘉穂高校に入学したが、考古学にまったく関心はなかった。

「校舎を歩いていましたらね、ドアが開いている部屋があったんです。何だろうと覗いたら、郷土部の部室でした。そこにいた部長の勧誘の迫力に押されて入部したんです」

飯塚は炭鉱の町である。次第に斜陽化していたが、反比例するように土地開発は進んだ。郡内では町のあちこちで古墳が見つかっていた。高島たち郷土部の部員たちは自転車に乗って、スコップを担ぎながら遺跡を回った。これらを戦利品と称して、学校に持ち帰った。彼が盗掘というゆえんである。持ち帰ると遺跡の台帳を作り、出土地点や遺跡名を記録した。

「僕らは盗掘もまた楽しいというスポーツ感覚でやっていました。マニアックな連中はあまりいなかったね」

もっとも嘉穂高校の郷土部は後の九州産業大学教授の森貞次郎が教師として赴任した昭和十年代に作ったと言われており、歴史は長い。部室にはその頃から採集した土器や埴輪が並べられてあった。

土器の実測をしなければと思ったが、このとき顧問には考古学の専門家がいなかった。そのため郷土部の卒業生で、嘉穂東高校教員をしていた児嶋隆人に教わることになった。また先輩には藤田等（のち静岡大学名誉教授）もいた。彼は高島より七歳上で、当時は広島大学大学院で考古学を学んでいたので、帰省したときを待って甕棺や土器の実測を見よう見まねで習った。マーコという土器のラインを描く道具を知ったのもそのときだ。

飯塚市には立岩遺跡という石包丁の製作跡もあり、立岩には多くの研究者が集まり、高島も大きな影響を受けることになる。

「そういう中で啓発を受けて考古学をやりたいと考えるようになったんです」

高校のとき古墳を発見したこともある。丘陵の形から前方後円墳ではないかと思った。その上に宝塔が立っていた。地元の人に聞くと、この山を「ホーケントウ」と呼んでいた。それで高島たちは「ホーケントウ古墳」（※6）と命名した。

戦利品は多いときは手に持てないので、体操用のトレパンに入れて担いで帰った。ちょうどトレパンの裾が紐で締まるから、袋代わりにできた。ある日のこと、調査の帰りにお腹が空いて、食堂に入った。人骨がたくさん出てトレパンには入り切れなかったので、机に置いてうどんを食っていた。隣の男性が不審に感じて尋ねた。

「それ何や」

「頭蓋骨です」

そのとき男は真っ青になって、店から逃げ出してしまった。

松本清張と考古学エレジー

高島が師事した児嶋からはよく森本六爾の話を聞かされた。遺物を発見したら、まず児嶋の許に報告に行く。彼は教員住宅に住んでいたが、家に行くとよく森本の話をしてくれた。彼は國學院大學の出身で、昭和の初期に森本の主宰する「東京考古学会」に所属して、森本に会っていた。このとき松本清張の『断碑』も知った。

「私にとって森本は憧れの考古学者ですね。日本の原始農耕が弥生時代にあったこと、日本の青銅器地名表を作ったり、考古学の神様という思いがします。お弟子さんの小林行雄さん（のち京都大学名誉教授）と弥生式土器聚成図録を作ったり、僕はとても影響を受けています」

高島が高校時代に熱心に読んだのは、小林行雄の『日本考古学概説』（創元社）だったのも不思議な縁であった。

さて高島は『断碑』について思い出がある。松本清張は平成四年に八十二歳で亡くなったが、高島は晩年の彼に会って、話をしたことがある。このとき高島は聞いた。

「清張さんの作品で一番気に入っているものは何ですか」

このとき彼は即座に『断碑』と答えた。清張は人間の欲と葛藤、そして恵まれない境遇がよく表れているからだと言った。清張の登場人物に共通する人物造形だ。

清張が八十歳の頃だと彼は記憶する。もう亡くなる直前だったが、高島に清張が一冊の短編集をプレゼントした。『草の径』（文藝春秋社）というタイトルで、平成三年に発行された生前最後の短編集だ。この中に、『ネッカー川の影』という作品がある。

ドイツにネッカー川というライン川の支流になる川がある。その川の傍のホテルに、ある夫人が二週間滞在している。夫が国際物理学会に出席するために、一緒に行ったのである。

そこで西原という考古学者と出会う。彼は京都の私立大学の非常勤講師だが、四年間も私費留学して、この地の大学でハイデルベルク人の研究を行っているのである。研究室で化石の発掘もしている。妻は京都に残している。

西原は夫人に「自分はいつも妻の写真と一緒だから」と、写真を見せてくれた。妻は、両親の税理事務所を手伝わせているから生活には困らないと語った。可愛らしい女性だった。

しかし研究の成果は上がらない。彼はただ虚しく石を谷底へ投げ続ける。夫人は西原が四年も留学することで、日本にはもう自分の居場所を失っているのではないかと想像する。彼の投げる石は虚しさ、怒りの表現ではなかったかと。

やがて夫人は東京に戻る。そのとき目黒の祐天寺の道端で生活苦に疲れた女性とすれ違う。どこかで見た顔だがと感じるが、思い出せない。髪はほどけ、服も安っぽく、妊娠していた。このとき、ドイツで西原に見せられた妻の写真だと夫人は知る。

「なぜ京都にいるはずの妻が、ここに」

夫人はその二か月前、西原からドイツに発掘に行くと書かれたハガキを受け取っていた。そこには妻のことは一言も触れられていなかったことを思い出した。

そんな内容であるが、いわゆる不遇の研究者という点で、『断碑』や明石原人を発見した『石の骨』に連なる作品だ。高島はこの人物は実在の人なのではないかと直感した。数年後、北九州市にある「松本清張記念館」で清張と邪馬台国について講演をした。すでに清張は世を去った。このとき館長に、

「森本、直良のほかにもう一人不遇の考古学者がいますね」

と聞いた。

館長は清張の担当の元編集者だった。彼は清張とドイツまで取材に同行した。小説の西原という男は実在の人物で、すでに亡くなったことを高島に教えてくれた。

「恵まれなくても必死に考古学をやろうとしている。どうしても森本と重なるのですよ」

高島はそう呟いた。『石の骨』の主人公黒津は、戦前に明石の西八木海岸で旧石器時代の腰骨（明石原人と命名）を発見した直良信夫をモデルに書かれた。腰骨は東京大空襲で焼失し、学界では認められなかった。その後も、明石原人を追い求める直良の姿は、森本と同じく「考古学エレジー」そのものの人生である。松本清張は、作家生活の初期から最晩年まで、考古学エレジーを描き続けた作家だった。

「僕は田舎の考古学少年団みたいなものでした。やんちゃな考古学でしたが、今考古学をやるベースになっています」

同時に高校考古学部の果たした意義をこう語る。

「あちこちで開発が進んでいましたからね。あの頃は、地域の研究者じゃないけど、地域の考古学の発見、発掘という面で重要な役割を果たしたと思います」

考古学少年だった私は、高校時代に小林行雄の『日本考古学概説』を買ったが、四十を過ぎても恥ずかしながら積ん読のままである。

※1 **環濠集落**＝周囲に堀を巡らせた集落。水稲農耕とともに大陸から伝わった集落の境界施設。

※2 **銅鐸型銅製品（小銅鐸）**＝弥生時代の銅鐸を小さくした形状の青銅製品。

※3 **ウワナリ塚古墳**＝奈良県天理市石上町にある全長約一二八メートルの前方後円墳。横穴式石室を持つ。

※4 **レベル**＝高低差を測定する測量器具。三脚に据えて、古墳などの地形図作成に使う。

※5 **『京都府史跡名勝天然記念物調査報告』**＝大正六（一九一七）年七月、京都府は、史蹟名勝および天然記念物の保存のために京都帝国大学などの碩学大家を評議員に迎え、調査報告を刊行した。

※6 **ホーケントウ古墳**＝福岡県飯塚市平塚出雲にある全長四三メートルの前方後円墳。墳丘に宝篋印塔があるので古墳名がついた。

注　元・奈良国立文化財研究所所長の坪井清足氏は、平成二十八年五月七日逝去された。謹んでご冥福をお祈りいたします。（著者）

第三章

エレジーはこうして伝播した

雪の山野に日は落ちて
月の光に照らされる
遺跡の白き清けきは
あの娘の面を偲ばせる

写真：調査・発掘の現場で「考古学エレジー」は各大学に広がっていった。左から2番目が島津義昭、その後ろからヘルメットをかざしているのが柳澤一男、一番後ろの帽子が富田紘一氏（肥後考古学会長）（写真提供＝富田紘一・島津義昭）

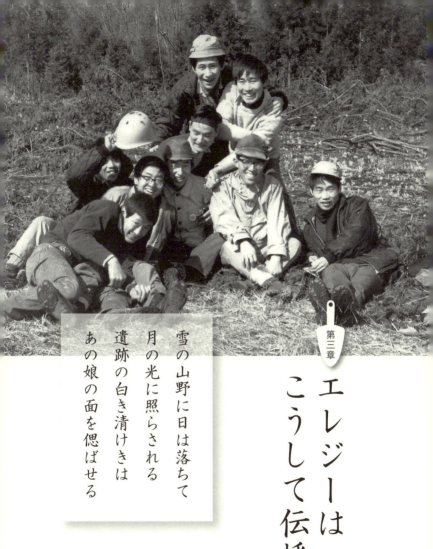

る。

奥尻島で歌われたエレジー

「考古学エレジー」が各地で歌われたのは、土器が形を変えて各地に伝播してゆく姿によく似ている。

高知県文化財団埋蔵文化財センターの松田直則は、昭和五十年に駒澤大学北海道教養部（岩見沢市）に在学していた。そこで恩師の考古学者河野本道（※1）にエレジーを教わった。彼には忘れられないエレジーの思い出がある。

昭和五十一年、北海道南西部の奥尻島奥尻町にある青苗遺跡の調査のときだった。青苗遺跡は島で最大の縄文時代の遺跡である。

「夜になると満天の星空になるのですよ。そこから日本海に浮かぶイカ釣りの船が見えてね。もう美しくてね。仲間とエレジーを歌いながら、皆で考古学をやってゆくんだ、と誓い合ったんです」

このときの熱い情熱が、彼の考古学に生きる人生の支えになった。

松田は北海道各地の現場を渡り歩いたが、飲み会の最後には必ずエレジーを歌っていた。

「やはりね、考古学徒として同じ夢やロマンを追い求めるために励みになりましたね。それが歌い続けられた理由でしょうか」

松田は三年生になって東京・世田谷の駒澤大学の本校に移り、考古学研究会に所属し、発掘に汗を流す日々を送った。そこでもエレジーを歌ったが、彼は当時歌った歌詞を教えてくれた。（　　）は原曲。

一　町を離れて野に山に　遺跡求めて俺たちは
夕べの星見てほのぼの偲ぶ　遠い昔の物語　ああ物語（原曲なし）
二　雪の山野に日は落ちて　月のあかり（光）に照らされた（る）
遺跡の白き（く）清けきは　かわいいあの娘（あの娘の面）を偲ばせる
ああ偲ばせる（原曲なし）
三　あの娘は良家のお嬢さん　おいらはしがない考古学徒　どうせかなわぬ恋ならば
トレンチ掘って忘れよか（あきらめよ）　ああ忘れよか（原曲なし）
四　発掘終われば俺たちは　明日の別れが待っている（離れ離れに去ってゆく）
せめて今宵（今夜）は飲み明かそうぜ　青い月夜の白むまで　ああ白むまで（原曲なし）

原曲を踏襲しつつも、大きく違うのは、すべてにリフレインが入っている点だ。〈ああ〉をつけてリフレインがすべてに入るのは青山学院バージョンと同じである。

学生運動から伝わったエレジー

城郭研究で知られる中井均（滋賀県立大学人間文化学部教授）が、「考古学エレジー」を知ったのは昭和五十年、龍谷大学二年生のときだった。

「エレジーを知ったきっかけは二つの記憶のどっちかなんですね。福岡市で青銅器が出た有田・小田部遺跡（※2）を発掘したときに、別府大、沖縄国際大、立命館大など全国から学生が集まって二か月合宿したのです。もう全国の大学生で現場は〝ごった煮〟の状態で、毎日飲みましたけど、ここで覚えたように思います」

もう一つの記憶は学生による遺跡の保存運動のときだった。この頃は学生運動は下火になっていたが、大学の考古学研究会の部室には鉄パイプと黒ヘルメットがあった。

「僕はノンポリだったんですが、先輩たちが怖くて、デモやビラ配りに連れて行かれたんですよ。そのとき先輩に教わった気もします」

どちらも事実である。どちらが先か後かというだけで、中井の言葉は考古学エレジーが歌われた本質を突いている。

すでに学生運動は下火だったが「やっているふりをするため」（中井談）、遺跡の保存集会で、ガリ版刷りのビラを作り配ったこともある。中井が関わったのは、滋賀県守山市にある服部遺跡だった。河川改修によって発見され、弥生時代の墳墓や水田跡があった。工事も進み遺跡の保存は不可能だったが、せめて破壊される前に調査だけは行ってほしいという声が学生たちにあった。そのためのビラだった。

そのとき知ったエレジーの歌詞を中井は覚えていた。

一番は原曲どおりだが、二番以下は踏襲しつつも微妙に違う。（　）内は原曲。

二　あの娘は良家のお嬢さん　おいらはしがない考古学徒　どうせかなわぬ恋ならば
　　トレンチ掘って忘れよう（あきらめよう）

三　雪の山野に日は落ちて　月の光に照らされた（て）　遺跡の白きさよけきは（清けきは）
　　あの娘の面によく似てる（を偲ばせる）

四　発掘終われば俺たちは　離れ離れになるうえは（去ってゆく）
　　せめて今宵（今夜）は飲み明かそうぜ　青い月夜のトレンチで（白むまで）
　　青い月夜のトレンチで（白むまで）

原曲と比べると、〈あの娘は良家のお嬢さん……〉の歌詞の順序が入れ替わっている。二番にこの歌詞が入るのは、青山学院大学バージョンと同じで、歌詞もまったく同じである。四番だけにリフレインがつくのも原曲からの変化である。

今、若者たちに教鞭を執る中井だが、現在のエレジーの状況を聞くと、

「僕の所属は地域文化学科ですから考古学を専攻する学生は少ないですし、歌っていないですね。今はカラオケもありますし」

中井はそう言いながら、考古学エレジーの歌詞を懐かしそうに口ずさんだ。

考古学エレジーは島根でも歌われていた。昭和四十年代後半に國學院大學の学生だった岡崎雄二郎が帰省したときに島根大学の考古学研究会に伝えたのが始まりである。

岡崎はエレジーを知った経緯を語る。

「大学の三年か、四年だったと思います。発掘調査に行くようになり、現場のプレハブの二階で寝泊まりすることが多くなりました。そこには各大学の考古学専攻生がいたんですね。毎晩のように酒を飲むようになり、そのときに聞いたのが初めてだと思います」

ほぼ原曲と同じ歌詞だった。大学内も七〇年安保闘争の影響で殺伐としていた。

だが岡崎は経済的な事情も重なり、四年生の冬に急きょ中途退学して郷里に帰らなければならなくなった。島根県松江市では、島根大学が闘争を行っていたが、次第に収まりつつある頃だった。岡崎は実家の商売を手伝っていたが、昭和四十六年に松江市教育委員会の嘱託として発掘調査に従事するようになった。

その発掘調査に島根大の考古学研究会の学生たちがいた。キャンパスや学生の下宿で一緒にエレジーを歌った。

「大都会で暮らす田舎出身の貧乏学生の郷愁もあるだろうし、女性に対する思いもありますね。考古学に対する期待が裏切られた挫折感もありました。悲歌だから、当時の私の状況によくなじんだのです」

七〇年安保闘争も権力に押し切られ、多くの学生は挫折を味わう。その思いが、エレジーに共鳴する素地になった。

岡崎から島根の現場で習ったという大國晴雄（大田市教育委員会教育長）は言う。

「あの当時は学生運動の残り火世代ですし、その熱が冷めた感がエレジーに噛み合ったのです。島根大学を訪れる他の大学生と古墳や発掘現場で出会うこともあり、発掘調査も他大学との混成部隊ですから、調査が終われば別れ別れになる。現場で肉体を使っているから、気晴らしにやたらに酒を飲み、手拍子で歌うのが考古学仲間の特色でした」

ＦＭラジオやステレオはあったが、カラオケも少なくマイクを使って歌うことはなかった。行政発掘は文化財破壊に手を貸す行為でもあるから、大学の考古学研究会ではなるべく行かないようにしていた。しかし受益者負担という決まりから、開発側が発掘の費用を持ち、日当も出してくれた。これは学生には有り難いが、当然葛藤もあった。

「金に釣られて行くのも取捨選択していました。そのため直接は遺跡破壊に繋がらない分布調査、古墳の測量に参加していました」

やはりエレジーは遺跡破壊とは切っても切れない関係にある。

島根大学では発掘調査の打ち上げのときは、最後の〆に「考古学エレジー」と「宍道湖周遊歌（木下恵介人間の歌シリーズの主題歌）」「青春の歌（旧制松江高等学校寮歌）」を歌っていた。

昭和五十年代になると、行政発掘が増え、考古学サークルも以前より関わってゆくことになる。だが破壊に加わっているという学生の苦悩があった。

「破壊を前提とした発掘作業に何を学ぶのか。自分たちにとって考古学とは何か。行政の隠れ蓑に使われている、そんなことを真剣に議論してました」

島根大学考古学研究会の学生の言葉である。

鳥取県でも考古学エレジーは歌われた。

鳥取県埋蔵文化センター所長の中原斉は、昭和五十四年に國學院大學に入学したが、考古学専攻を決めた二年生のとき、渋谷のセンター街で飲んでいたときに先輩たちから教わった。このときは原曲と同じ四番までだった。中原が入学した頃は、六〇年代、七〇年代の学生運動の名残がキャンパスにもあった。

「私たちのクラスで最後の立て看板を書いた記憶があります」と彼は言う。学生運動の終末期であった。

中原は当時を振り返った。

「まさに時代でしたよね。考古学専攻生がこの道で食っていける当てはほとんどなくてね。多くの同期生は就職せず大学院に進みました。それに年頃ですから恋愛に対する憧れも強く、考古学エレジーの歌詞が未来への明かりが見えない状況とマッチしていましたね。それでも考古学への志と恋愛を夢見るという僕らの感傷を刺激したのだと思います」

彼は卒業する前だったか、直後だったか、職場の先輩からエレジーの十番バージョンの歌詞を教わった。

原曲をベースにして、イントロダクションが入り、より恋愛への憧憬、青春の懊悩が描かれ、この歌が本来持つリリシズムが強まっている。

一　求め求めて流れゆく　旅路の果ては知らねども　我青春のこのさすらいを
　　愁いを込めて詩うかな

二　町を離れて野に山に　遺跡求めてゆく俺は　夕辺の星見てほのぼの偲ぶ
　　遠い昔の物語

三　何を求めてゆくのやら　遺跡に向かうこの俺は　若い命の灯かかげて
　ひたすら歩むこの道を

四　あの娘を残して旅の空　流れる雲のそのように　今この遺跡にたたずめば
　遥かなあの娘が偲ばれる

五　あの娘は良家のお嬢さん　おいらはしがない考古学徒　どうせかなわぬ恋ならば
　トレンチ掘って忘れよう

六　雪の山野に陽は落ちて　月の光に照らされる　遺跡の白く清けきは
　あの娘の面を偲ばせる

七　発掘終われば俺達にゃ　明日は別れが待っている　せめて今宵は飲み明かそうぜ
　青い月夜の白むまで

八　何を求めて来たのやら　発掘終わって虚しさに　耐えかね呼んでみた
　あの娘の名前を切なく響く夜の中

九　長い旅路のその果てに　求めしものがあるのやら　虚しさ乗せて夜風が渡る
　星降る夜のトレンチに

十　真を求めて何時の日も　苦しきことのみ多かれど　変わらぬ愛の情熱で
　命の限り求め行く

青春の挫折

中原は「世界観は違うかもしれないが、ユーミンの〝いちご白書をもう一度〟と同じ空気を伝えている気がする」と言う。学園紛争の後のどこか虚無的な空気。同時に生活という現実に戸惑いながらも順応せざるを得ない彼らの葛藤もあった。

なお、皇學館大学（三重県伊勢市）には「皇學館大学考古学研究室小歌集」という冊子があって、この大学で作られた唄がいくつか紹介されている。考古学エレジーもそうだが、「皇大考研エレジー」という唄がある。メロディーは考古学エレジーと同じだが、エレジーが青春の哀感を歌ったのに比べ、こちらは男っぽさがあり、漢詩調で固い響きがある。

歩き回って求めゆく　古代の文化の源を　果てなく広がるこの大地に　求めし遺跡は何処やら
四季を通じて野に山に　路査路査に明け暮れて　何の為に行くのやら　虚しさ心にしみ亘る
冬の路査は耐え難き　木枯し吹きぬく水田に　差し出すその手は皹だらけ
とり合う手と手のぬくもりよ

真を求めて何時の日も　苦しきことのみ多かれど　変わらぬ愛の情熱で　命の限り求めゆく

皇學館大学にはデカンショ節をもじった「考古学徒の歌」もある。

考古学徒にゃお金はいらぬ　ヨイヨイヨイ　エンピと地下足袋
ヤレ　あればよい　ヨイヨイヨイ
考古学徒にホレない娘は　ヨイヨイヨイ　花嫁学校の
ヤレ　売れ残り　ヨイヨイヨイ

時代は、反戦歌や反権力を歌ったフォークソングから、「神田川」「同棲時代」といった青春の挫折、そこから個人の小さな幸せを求める曲が好まれてゆく。やがて時代は昭和の終焉へと走ってゆく。この時期の学生は考古学エレジーをどう考えていたのだろうか。

掛川市の埋蔵文化財の専門家で、城郭に数々の論文を持つ戸塚和美は、明治大学在学中に考古学エレジーを知った。彼は昭和六十年に大学を卒業しているが、時代はバブル景気に向かって進んでゆくときだった。戸塚は在学中、発掘現場の打ち上げのとき、早稲田大学の杉山博久に「考古学エレジーを教えてくれ」と聞くと、杉山は二つ返事で教えてくれた。

戸塚は「暗いな」と思ったが、それでも独特の哀愁はわかる気もするというのが実感だった。彼は時間があればほとんど現場に出ていたが、考古学で生きてゆくのは狭き門だったから、歌詞に込められた思いは他人事ではなかった。

発掘現場ではタコ部屋に寝泊まりし、先輩たちと宴会をして、そのときエレジーも歌われた。

「もう貧しい時代ではなかったです。だけど現場が好きでやっていましたが、行政の文化財担当で就職するのは難しかった。新卒で入るのはまず無理だったので、二、三年アルバイトして、空きがあるのを待った。異性と仲よくなっても、永すぎた春になってしまう人も見ましたし、好きなことでやっていけるのかという不安がありました」

そんな状況も知っていたから、戸塚はエレジーの三番、〈あの娘は良家のお嬢さん　おいらはしがない考古学徒　どうせかなわぬ恋ならば　トレンチ掘ってあきらめよ〉にセンチメンタリズムを感じてしまうという。

いつしかエレジーの〈あの娘は良家のお嬢さん……〉の歌詞は、國學院の学生が、青山学院の女子学生を恋する設定になった。ともに渋谷の隣同士にある大学。互いに恋が芽生える可能性はなきにしもあらずである。自分の母校が、エレジーの舞台になっていたとは驚きだった。

※1　**河野本道**＝文化人類学者、考古学者。アイヌに関する文化人類学、考古学的研究の第一人者。
※2　**有田・小田部遺跡**＝福岡市早良区にある弥生時代の環濠集落遺跡。
※3　**相模国分寺**＝神奈川県海老名市にある聖武天皇の詔で建てられた奈良時代の寺。

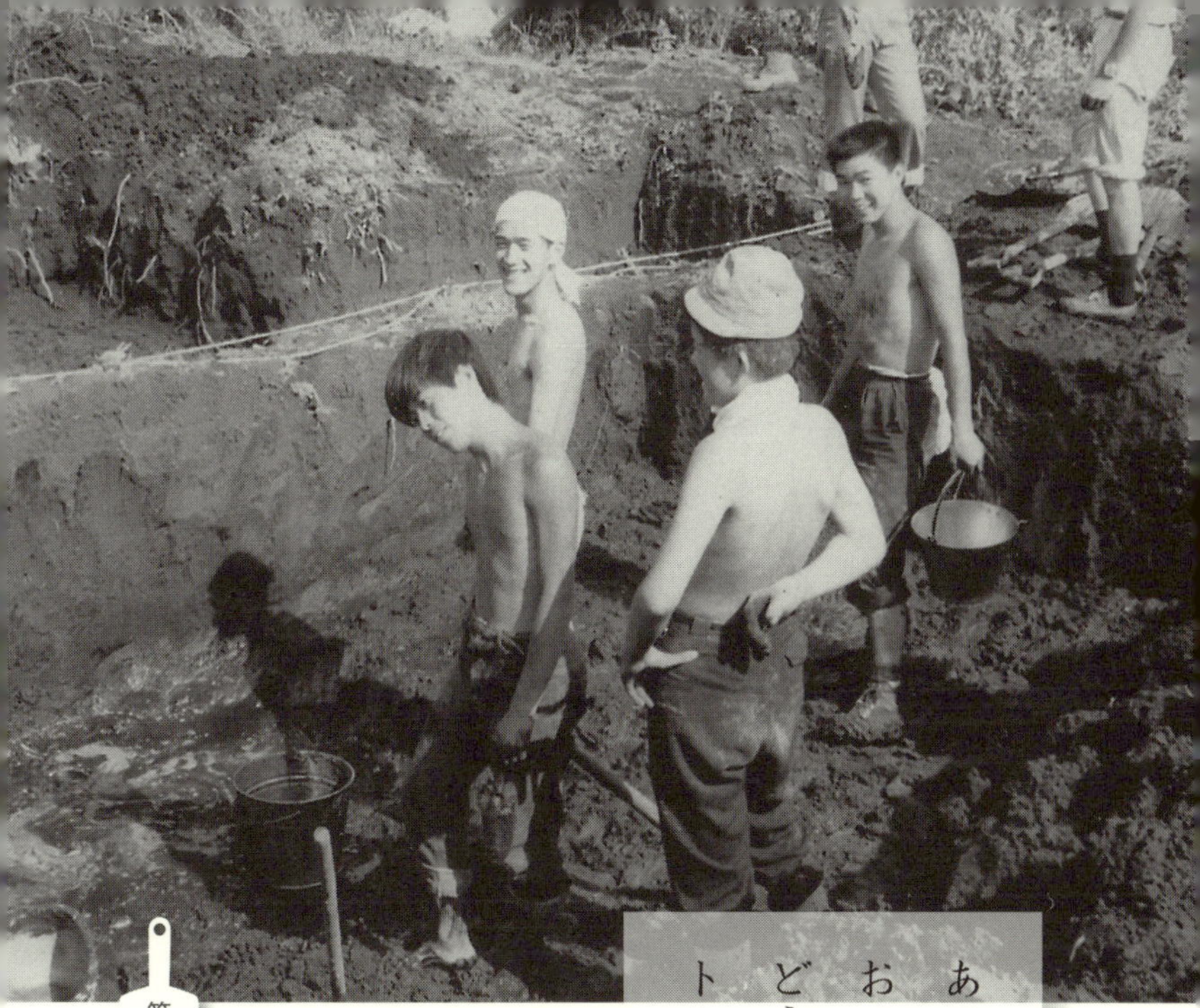

第四章

遺跡破壊と学生運動とエレジーと

あの娘は良家のお嬢さん
おいらはしがない考古学徒
どうせかなわぬ恋ならば
トレンチ掘ってあきらめよ

写真：猛暑の中での発掘作業。トレンチの中の学生たち。
（写真提供＝柳澤一男）

学生運動との関わり

「考古学エレジー」が広まったのは、学生運動という背景もあった。学生運動の発端は、昭和三十五年の日米安保条約に向けて抗議の声を上げげたのが始まりだった。当時の岸信介首相はアメリカと日米安保条約を強行締結したが、「アメリカ軍に基地を提供すること」「アメリカとともに軍を出すことを義務づけたもの」という内容が、学生たちにとって戦争復活への動きに映った。これが一九六〇年だったので、「六〇年安保」と呼ばれた。

企業では、これまでの日本のエネルギーは、石炭に依存していたが、やがて石油に代わってゆく。そこから多くの石炭鉱業が労働者を指名解雇した。解雇された労働者が、組合員に偏ったため、彼らは立ち上がった。その最たるものが福岡県大牟田市の三池炭鉱の三池闘争だった。彼らは、ストライキを起こし、指名解雇撤回を訴えた。

当時の組合の集会やデモの前には結束を強めるため、必ず全員で唄を歌った。三池闘争では、労働音楽家の荒木栄が作った「がんばろう」などがそうである。

柳澤一男は言う。

「だって当時は集会やデモやったら必ず唄やんか。そういう時代背景もありましたね」

考古学の書籍を中心に出版する同成社の代表取締役・山脇洋亮は、東京大学で考古学を専攻した。彼は当時をこう回顧する。

「六〇年安保は僕が高校を卒業した年に始まった。大学院を出た年に東大の学生紛争が始まった。東大医学部が発火点なのです。医療の改革を求めて立ち上がっていくわけですが、後に考古学の学生も巻き込まれるわけです」

考古学を学ぶ学生たちも、大学の研究室の封建的な在り方に懐疑を抱き、研究室に閉じこもるだけでなく、遺跡保存など目を社会に向けよというアピールを行った。

山脇には学生運動について思い出がある。六〇年安保のとき、彼は駿台予備校にいた。ちょうど大学生たちが旗を持ってデモをしながら、国会議事堂へ向かっていた。

このとき校舎の窓から見ていたある浪人生が、「俺たちも行こうよ」と言い出した。

「予備校ばかりにいたら精神状態もよくない」

当時は学生たちは全国組織として「全学連」（全日本学生自治会総連合）を組織し、旗を持ってデモをしていたが、予備校生には旗がない。そこで急きょ「全日本浪人自治会総連合」という名前を作り出し、それを略して「全浪連」と書いた旗を作った。

多くの予備校生たちが旗を持って国会議事堂に押しかけた。そこには大学生たちが建物を取り巻いていたが、異色の「全浪連」は大勢の中で目を引いた。大学生たちは彼らに言った。

「おーよく来てくれた！　お前ら、来年待ってるからな」

山脇たちは「有り難うございます！」と答えた。

学生運動の最中、大学はバリケードで封鎖され講義は行われていない。そのため考古学を学ぶ学生は、他大学の学生たちと一緒に本を読み、スコップを片手に全国の遺跡を回っていた。高度経済成長が始まり、工事で遺跡が壊される。どこの地方も学生の力を必要としていた。

「エレジーは時代を反映していますね。遺跡求めて野に山には、あの時代でしょう。好きな女に振られる歌詞もありますが、あれは青年らしいセンチですね。上野のアメ横でエンピ（大きなスコップ）を買って、流れ者や木枯し紋次郎みたいに各地で発掘していく。それが勉強でしたね」

島津義昭はそう答えた。

伊場遺跡の破壊

当時考古学の世界も、学生運動の流れの中で、社会運動、学生運動に連帯してゆくべきという考えが強かった。その一つが、遺跡の保存運動であった。関東では東名高速道路や新幹線、鉄道の敷設で壊される遺跡が問題になってきた。

とくに國學院大學の学生が保存運動に力を入れたのは静岡県浜松市の伊場遺跡であった。この遺跡は戦後すぐに中学生によって発見され、昭和二十五年に國學院大學が調査し、約一〇万平方メートルに縄文、弥生、古墳時代から、奈良平安時代の複合遺跡であるが、とくに登呂遺跡と並ぶ東海地方を代表する弥生時代の集落遺跡でもあり、昭和二十九年には静岡県指定史跡になっている。

ところが異変が起こったのは、昭和四十二年だった。浜松駅再開発で線路の高架化がなされることになった。高架化に伴い同時に駅周辺も再開発され、貨物駅、電車区、機関区などの施設を伊場遺跡周辺に移設することになった。このとき一部を除いて、文化財関係者には計画は知らされておらず、同年九月、毎日新聞などの記事によって多くの人が深刻な事態を知った。伊場遺跡に対して、高架用事業地として市教委は遺跡の県指定解除を申し入れたというのである。県の指定を解除することで遺跡の破壊を可能にし、浜松市は破壊前に調査を行い、調査後は破壊するという「記録保存」という措置が取られることになった。遺跡には電車区が造られることになった。

調査は浜松市教育委員会が行うことと決まった。

地元の研究団体である遠江考古学研究会は、すぐに保存運動に乗り出した。遺跡を破壊するために指定を解除することは、巧妙で悪質であったからだ。

浜松市は調査を強行しようとしたので、昭和四十四年六月に國學院大學の学生はこの調査を阻止すべく、遺跡に座り込みをして保存を訴える行動に出た。

＜伊場遺跡の発掘を中止せよ！　全国考古学闘争委員会連合　國學院大學考古学叛逆者連合＞

発掘の結果、弥生時代の環濠集落、律令時代の大量の木簡、墨書土器が出土し、遺跡の重要性はさらに明らかになった。その中で「伊場遺跡を守る会」も結成された。

これは一遺跡の問題ではなかった。伊場遺跡の事例は、今後すべての遺跡が何らかの理由で破壊されるとき、指定解除という措置を取ることが可能になることを意味にする。さらに指定を受けていない遺跡は簡単に壊されることにもつながる。今後なし崩し的に遺跡が壊され、文化財保護法が効力を持たないことを示した。

学生たちは次のような声を上げた。

〈君達は知っているか？　今、浜松市伊場遺跡において何が行われているかを。
君達は知っているか？　今、全国各地においてどれだけの遺跡がこわされているかを。
君達は知っているか？　今、埼玉県本庄市において何基もの古墳をこわしているものがいることを
誰かが叫んでいる。それは君だと、そしてあなたも、私も、君も、僕も加害者だと〉

これは、埼玉県本庄市で古墳が破壊されるとき、國學院大學考古学会が出した抗議声明文（昭和四十四年七月一日付）である。遺跡保存への先見性は学生たちが示していたと言えるだろう。彼らは、ガリ版刷りのビラにこうも記す。

〈僕は何度目かの問いを僕に、そして、あなたに問う。
いや無限に自分自身に問い続ける
君にとって考古学とは何なのか
私にとって文化財とは何なのか
遺跡とは、考古学を追い求める事はどんな意味があるのか。

そして、君とは　僕とは　あなたとは　私とは　そして人間とは∨

遺跡破壊を前にして学生たちの純粋な問いかけは、既成の考古学界の在り方にも目が向けられた。大学の考古学研究室はこれらの状況を傍観することなく、何らかの動きを起こすべきだという見方に繋がってゆく。

当時学生運動に参加した明治大学の学生（当時）は語る。

「つまり大学は、教授、助教授、講師という階級があり、権威主義であるわけです。封建的な体質でものも言えない世界から自由になりたいと思ったのです。やはり僕らが考古学を学ぶのは、戦前の皇国史観から脱却して、自由に学ぶという意味がありましたからね」

学生たちは「研究室は地方行政官への職の斡旋をやめろ」「緊急・行政発掘を全面的に拒否せよ」といった声を上げてゆく。

津島遺跡を守る

学生たちが保存運動に目を向けた遺跡には、岡山県岡山市の津島遺跡もあった。弥生時代の集落跡で、高床式倉庫、住居、水田などが多数発見された遺跡であった。この遺跡が県の総合グラウンド内にあったが、岡山県は昭和四十三年に明治百年記念事業として、この地に武道館を造ることを決定した。

同年四月二十六日に岡山県教育委員会保健体育課が窓口となって工事を起こしたが、研究者に事前に工事を知らせることはなかった。五月に機械で大規模掘削をしているところを学生が発見して、遺跡の破壊が公になった。それでも県は破壊を続けていた。

このとき立ち上がったのが、若き考古学徒であった。関東の学生を中心にした諸団体は、〈私たち関東の考古学徒は、岡山市津島総合グランド遺跡破壊、武道館事件について討議した結果、この問題が歴史学自体の今日的な問題点を集約的に露呈しているものと考え……〉という「決議文」を出して、津島遺跡に対する破壊活動を非難した。

これは以下の団体による決議であった。國學院大學考古学会、立正大学考古学研究会、和光大学考古学研究会、東洋大学考古学研究会有志、立教大学考古学研究会有志、稲荷前古墳群保存会、明治大学考古学研究会（津島グランド遺跡保存特別委員会）、専修大学歴史学会古代史部会、早稲田大学考古学研究会有志、早稲田大学文化財保護対策学生協議会有志、武蔵工業大学考古学研究会有志、家の原遺跡保存会、文化財対策協議会。

この背景には遺跡保存だけでなく、国家の思想統制も孕んでいた。ビラにはこう記された。
○明治百年記念事業の一環として武道館建設を行うことは、神話教育「紀元節」の復活が、考古学、古代史の否定のみならず、明治改元以来を繁栄、光輝の時代と強調することで、近代史を踏みにじるものであること。
○津島遺跡の持つ価値を見逃してはいけないこと。この遺跡は弥生時代の生活と生産の実態を統一的に追求できる格好の遺跡である。
○津島遺跡という国民全体の財産を、文化財保護行政を任務とする立場にありながら、法の最低手続きも無視し、「計画的に破壊の先頭に立った岡山県教育委員会の行為は文化財に対する今日の行政機構の本質を自ら暴露したものに外なりません」。

彼らは、自らの姿勢も戒めている。

∧私たち考古学徒自身の姿勢にも遺物、遺構を真に国民の文化財として提示することなく、学問性という美名のもとに考古学の成果を社会へ還元してゆく態度の少なかったことを反省し……∨という一文もあって、これは平成の今日でも文化財保存の問いかけとして、生き続けているものだろう。

学生たちは昭和四十二年九月十八日に津島グラウンド遺跡破壊問題に対して臨時総会を開き、

1、明治百年祭記念の武道館建設の白紙撤回！　遺跡の全地を完全保存せよ！

2、国は真の国民のための文化財行政を確立せよ！

というスローガンを採択した。

伊場遺跡と津島遺跡は保存運動の盛り上がりから「東の伊場、西の津島」とも呼ばれた。その後、この二つの遺跡はどのような運命を辿ったのか。

伊場遺跡は昭和四十九年に静岡県教育委員会が県史跡指定を解除した。この取り消しを求めて市民や研究者が裁判を起こしたが十五年に及ぶ闘争の末、最高裁で敗訴が決まり、遺跡は線路の下に埋没している。

津島遺跡は、岡山大学の学生、地元住民、県内の文化、教育、民主団体などで「津島遺跡保存の会」が作られ、広く保存運動を行った。県内の研究者は「掘らずに保存をすべき重要遺跡」と訴えた。保存の会は数万枚のビラをまき、県、文化庁、国会に保存要請の署名、講演会などを行い、日本考古学協会も保存要望書を文化庁に提出した。武道館建設予定地一帯は国の指定史跡となり、保存は成功した。

平安博物館突入で七十九名の学生が逮捕

学生たちの動きは本格化してゆく。彼らが目を向けたのが大学の研究室と、最大の学術組織である「日本考古学協会」であった。

昭和四十四年十月二十五日に京都市の平安博物館で開催された日本考古学協会総会では、考古学を学ぶ学生たちが開会を阻止しようと突入を図った。開発の名のもとに遺跡破壊が進む中で、考古学は何ができるのかを学生たちは問いかけたのだった。それが激しさを帯びて〈日本考古学協会を糾弾する!!〉（文化財闘争学生会議）というビラになってゆく。

日本考古学協会は国家権力に土着し、遺跡破壊の露払い役を担っているという意見だった。彼らは（日本考古学協会が）〈自ら学問を権力に売りとばすといった犯罪性を追求する為〉（関東学生考古学協議会　國學院大學支部）大会会場の入構制限を突破し、公開討論会開催を要求したのであった。

だが一部の職員は学生の要求を認めたが、何者かが警察に事前通報した。そのため学生たちが会場の平安博物館へ入ろうとすると、京都五条署員、機動隊百五十名に襲われ、警棒で殴られる者も出た。滅多打ちされた学生もいた。このとき七十九名の考古学を学ぶ学生が不当逮捕された。

同時代に生きた柳澤は言う。

「日本考古学協会が、もっと文化財の保存や考古学を取り巻く状況に対して、真剣に見つめなければいけないのだと学生たちは言ったわけです。趣味的に考古学の話ばかりしていていいのかと糾弾したかったのだけど、協会は拒否したわけですよ。それで皆が旗を持ってあちこちから入っていくからあんな騒ぎになってしまった」

全国考古学闘争委員会連合は、日本考古学協会に向けて不当逮捕の出た平安博物館での総会の事実関係、責任問題などについて大衆団交、討議会を要求したが、回答および大衆団交は拒絶された（彼らは十・二五闘争と呼んだ）。

この当時の全国考古学闘争連合会の会名を記す。

岡山大学考古学闘争委員会、立正大学考古学研究会有志、明治大学考古学闘争委員会連合、國學院大學考古学会、大谷大学考古学闘争委員会、龍谷大学考古学闘争委員会、同志社大学考古学研究会、早稲田大学考古学研究会有志、立命館大学考古学研究会有志、岐阜考古学解放戦線、東洋大学考古学研究会有志、京都大学考古学研究室有志、京都大学林学造園教室、京都女子大学考古学研究会有志、明日香現地闘争委員会、六九年委員会、神奈川文化財評議会。

翌年の春の日本考古学協会の春季大会は慶應義塾大学で行われたが、協会会長の挨拶の後に、学生たちがステージを占拠した。このとき明治大学、早稲田大学とともに柳澤も参加した。その場で「現代社会に目を向けろ」と伝えると、すぐにその場を去った。

「大会をつぶすのが目的ではなかった。さっさと出た記憶があります」

柳澤一男はそう語っている。

当時の大学では学生たちが考古学研究室の教員を集めて全学集会を行った。明治大学、國學院大學など多くの大学で行われた。

「先生方にこれでいいんかということです。考古学を何のためにやっているのか。社会変革のために考古学は何かできないのか、社会との関係を断ち切って行政考古学なんてあり得ない。そういうことを主張し、問いかけた気がする」

柳澤はそう語るが、大学の研究室の在り方についてそう考える学生が多かったのである。

また学生だけでなく、文化財保存全国協議会（文全協 ※1）も保存活動を展開していた。共産党系で、甘粕健、和島誠一らが主力メンバーだった。これらの団体とともに、粘り強く遺跡の保存運動が行われていた。

柳澤も、明治大学、岡山大学の学生らとともに、津島遺跡の保存を申し入れに文化庁（当時は文化財保護委員会）に行った。

「このような貴重な文化遺産を、調査をやったからといって破壊するな。なんとか保存してください」

と事務局の職員に伝え、申し入れ書を渡した。管理職クラスの職員が対応してくれて驚いたが、柳澤らの話にじっと耳を傾けてくれた。

学生も市民も熱い時代であったが、当時の学生の心境はビラの下に描かれた学生のメッセージに表れている。

学生たちが伊場遺跡の保存活動を記したビラに「日刊ニャロメ」（昭和四十四年七月六日付）がある。ニャロメとは、赤塚不二夫の漫画「もーれつア太郎」に登場する二本足で歩くネコである。いつも人間やタヌキや他の登場人物に騙され、いたぶられ、踏みつけにされるがじつはしぶとく生きている。ニャロメの存在は闘う学生たちの象徴だった。ビラの下方にはニャロメの絵と、やくざ映画のセリフが書かれている。

これは映画監督鈴木清順の『刺青一代』のセリフをもじったものである。

義理で殺ったか　情で斬るか　血しぶき浴びる白狐の刺青
斬って流れる　渡世の道を　意地で生き抜く刺青の男
白狐の鉄が心で吠えた　俺がやらねば誰が殺る
怒りの白刃の鞘はらい、豪快　ニャロメは斬りまくる

＜お前さんには何のウラミツラミもござんせんが　これも渡世上の義理でござんす！　止めてもらいやす！＞

ニャロメが涙をこぼしている似顔絵もある。そこには、＜もう人間は信用しない＞というセリフに、＜ニャロメ、負けるなあすがある!!　こんどは、人間やタヌキに大復讐してやれ＞と手書きの文字がある。さらに＜オマンマ喰いたいから救援頼む＞とも。

ただ当時の学生はこうも言う。

「全学連に呼応する形で考古学の学生も立ち上がったけど、そりゃいろんな学生がいましたよ。共感

はしても動かない人、無関心な人、あまりにも誠実に運動を進めて自ら命を絶つ人もいました」

見切りをつけて大学の学窓から去った者もいる。そして学生運動に熱心だった学生は、卒業後、行政の考古学専門職に就くことができなかった。あるいは就いたとしても、行政発掘という破壊に関与する先棒を担ぐことに矛盾を抱え、苦悩する者もいた。

※1　文化財保存全国協議会＝市民中心の、遺跡保存の唯一の全国団体として、日本の文化財保存運動を進めている。

雨降る遺跡に来てみれば
何故か心も濡れてくる
古人の息吹にふるえ
雨音はるかに流れ行く

第五章

遺跡保存に立ち上がれ！

写真：昭和40年、兵庫県尼崎市·田能遺跡。工事と併行して発掘調査が行われる（右端に立っているのが写真を提供してくれた石野博信）

開発の名のもと無残に消えた遺跡もある。保存運動によって一部は残されたが、建設地となって姿を変えたものもある。遺跡も「考古学エレジー」そのものである。遺跡の叫ぶ声が地上から聞こえるようだ。

田能遺跡を守る──石野博信

兵庫県尼崎市の田能遺跡の調査、保存運動に関わった高島忠平から、高校教師の職をなげうってこの遺跡の発掘に取り組んだ人がいると聞いた。その人が、橿原考古学研究所で奈良県生駒郡斑鳩町にある藤の木古墳（※1）をファイバースコープで調査し、纒向《まきむく》遺跡（※2）の調査にも携わった石野博信（現・兵庫県立考古博物館長）である。数多くの著作がある石野に熱い青春があったことに興味をかき立てられた。

石野は昭和八年宮城県牡鹿郡渡波町（現・石巻市）に生まれた。彼は若き日を語った。

「そんなに難しいことを考えたわけではなくて、俺がいなければ遺跡がつぶされるという思いだったんですよ。担当の調査員のやり方も荒っぽかったしねえ」

昭和四十年秋に尼崎市ら三つの市が共同で、田能遺跡の場所に工業用配水場を建設することになった。すでに九月から工事が開始された。ところが夥しい弥生式土器が発見されたと通報が市に入った。

すぐに緊急の調査体制が組まれたが、まだ文化財行政は十分に機能していなかった。調査団長は尼崎市史編集専門委員で北野高校教諭の村川行弘だった。石野も現場を見て、広範囲に遺跡が広がっており、「これは大変な遺跡だ」と思った。

研究者との協議の結果、どうしても翌年の三月までに配水場を完成させたいという市側の意向から、緊急調査の期間も十分に取れなかった。

十月から調査が行われたが、調査員は手弁当で、ブルドーザーに追われながらの調査だった。調査のとき、土器が音を立てて壊されてゆく音も聞こえてきた。

後にここから日本で初めての弥生時代の木棺墓や大集落跡、方形周溝墓（※3）、甕棺墓（※4）が発見されるが、このとき石野は教師を辞めて調査に専念することになる。

「僕は専任の教師になって五年目でした。じつはそれまで大学院を出て十年間就職してなかったのです」

と石野は笑った。

石野の経歴もユニークだが、考古学一本に邁進した生き方である。

石野は小学校六年から宮城県で土器拾いを始めていた。中学は旧制中学（現在の石巻高等学校）最後の世代で、小学校の考古学仲間と郷土考古学研究会を作った。図書館に昭和十三年に刊行された佐藤虎雄の『日本考古学』があったので、時代ごとに分けて皆で書き写して勉強会を始めた。

「本には細かいことは書いてないけど、東北の縄文土器の編年とか、加曽利E式（※5）とかあって、僕らが拾ってきた土器を見よう見まねでこれはナントカ式だねと考えたりね。土器の図面も取ったし。報告書作る前の段階までやってました」

卒業後、石野は関西に転居する。父親は兵庫県西宮市で町工場をやっていたが、一人息子の彼は跡取りであった。だが大学までは好きなことやってもいいと父親に言われ、実家近くの関西学院大学史学科に入学した。

「あれが人生の分かれ道だった」

と石野は言う。

末永雅雄との邂逅

一年生の夏休み前だった。研究室の掲示板に、川西市の加茂遺跡（※6）を関大、関学大で合同発掘すると貼り紙があった。

その調査のときである。紳士みたいな男性が現場に来ていた。石野は、関西大学の末永雅雄の名前は知っていたので、「あの方が末永先生か」と憧れの眼差しで見ていた。しかし紳士然の人は、ただの見学者で、その近くに田舎のおじさんみたいな人が傍に立っていた。

トレンチにいた石野は小石を拾い上げたが、自然石だと思って捨てに行こうとした。そのとき麦藁帽を被った先ほどのおじさんが、彼に注意した。

「君、その石ころを捨てたらあかん」

このおっさん何言うてるんやと思い、石野は反論した。

「なんでですか」

「これは石斧（石の斧）だ」

これが末永雅雄との出会いだった。そのおじさんこと末永は、向こうっ気の強い石野に興味を示した。末永は「君はどこから来たんだ」と声をかけた。東北の石巻高校と答えると、「そこには杉山という美術の先生がおるやろ」と聞いた。

「なんで東北の高校の先生を、関西の偉い先生が知っているんだとびっくりしました。それも美術の先生ですから」

杉山という教師の父親がアイヌ原始美術の大家の杉山寿栄男で、末永と知己であった。その縁で息子である教師の彼が末永に冊子などを送っていたのだった。

この会話から、末永との師弟関係が始まってゆく。

「関西大学と関西学院大学との合同調査が、四年間続いたのです。毎年夏に行われて、いろんな研究会に行くようになりました」

大学四年生の冬、兵庫県小野市の焼山古墳群（※7）の調査に行ったとき、彼は大学院に進んでさらに考古学を学びたいと考えた。行き先は末永のいる関西大学大学院である。

だが石野は卒業すれば家業を継がなければならなかった。当然父親は認めなかった。それでも考古学をやりたいと言う彼に父も厳しかった。

「大学院に行って家を継がないのなら、家の財産は一切関係のないものと思え」

彼は家を飛び出して、友人の下宿に転がり込んだ。これが十年間にわたるその日暮らしの始まりだった。

大学院に行く決意を決めたものの、入学金がなかった。石野は末永に懇願した。

「親父と喧嘩して出てきましたから、お金ないんです。貸してください」

末永は事情を聞いた後、「貸してやる」と答えた。ただし大学院修了して就職したら毎月千円ずつ返すのが条件だった。

石野は、修士課程は二年のところを五年も在籍した。

「学割が欲しかったんです。在籍料が一年間五千円だから、払えば、国鉄（現ＪＲ）の旅費が半額になる」

これは発掘に行くのに、有り難い。単位も二年で全部取って、修士論文だけすぐ出せるようにしていた。だが四年までは留年できるが、五年目は教授会の推薦がいるという。そのことを石野は知らなかった。四年目も終わろうとするとき、末永は言った。

「お前、どうせ来年もおるんやろう。教授会で承認を取っておいた」

末長がどんな理由を言ったのかは知らない。

「末永先生は僕にとって第二の親です。今でも僕は親父だと思っています。僕自身、先生に甘えているところがありましたね。橿原の研究所にその後行くわけですが、そこでも先生のお世話になりました」

と語る。

末永は好き嫌いが激しかったと言われるが、関西大学の網干善教、同志社大学森浩一、花園大学の伊達宗泰らが、彼のもとから巣立った。石野は彼らより世代が一回り下だから「孫弟子でしょうね」と語る。

しかし石野は修了後も定職に就かず、発掘現場に行く日々を送っていた。発掘に行けば、今の行政発掘のように日当は出ないが、飯だけは食べさせてくれた。本人は調査に参加できるのが楽しくて仕方なかった。

だが見るに見かねた関西学院大学時代の恩師の武藤誠が、石野に言った。

「君、いい加減に仕事に就きなさい。私が夙川学院理事長に話をしたから面接に行きなさい」

石野は恩師からの勧めなので、断ることもできず、面接を受けた。ところが面接試験は好評で「明日から来てくれ」と話が進んでしまった。このとき石野は答えた。

「明日からと言われましても、今発掘に行っているので、それが終わったら行きます」

彼は専任の教師になったが、定刻に出勤してまじめに勤務すれば、発掘調査に行くことができない。彼は二年目に、理事長に言った。

「発掘に行きたいので、嘱託にしてください」

嘱託から専任への希望はある。だが石野の希望はその反対である。理事長は面食らったが、嘱託になることを認めた。ところが嘱託の給与では生活ができない。三年目に再び専任に戻してもらった。だが五年目に田能遺跡が見つかった。

保存も作戦がいる!

田能遺跡の緊急調査は村川や石野のほかに、武庫川女子大学の考古学研究会二十名、近くの高校、中学生らが集まった。「潮干狩り」と呼ばれるほどの人海戦術であった。すでに完形の土器が発見されていたが、十月には住居址も見つかった。

発掘現場も数々こなした石野は、調査のやり方を見て危機感を持った。

「俺が行かないと遺跡がつぶされると思った。調査そのものがずさんに終わってしまうと思った」

担当者は勘はよかったが、調査は荒っぽかった。やはり現場経験を積んだ石野の目で正確な調査を行わなければという思いが募った。石野は、学校に勤めていれば日曜日しか調査に行けない。毎日調査に行くためには学校を退職するしかなかった。

田能遺跡の調査期間は一年間である。壊される前に調査を間に合わそうと、次々と場所を移して調査を行った。

「浄水場って広いのですよ。とくに最初の半年はブルドーザーとの競争でした。工事中心の中で、破壊する前に間に合うように、調査地点を次々と変えながら、ブルに追われるように調査してました」

尼崎市内で遺跡の扱いを巡って対立があった。教育委員会は配水場の移転を申し入れたが、水道局側に一蹴され、それならば工事の一時中止を望んだ。しかしその案も受け入れられなかった。双方の対立が、ブルドーザーの音の中で調査を行うという異常事態を招いたのだ。


遺跡の重要性が高まると、保存についての意見が調査団や市民から出るようになった。市民の中に組合活動に熱心だった会社員・千坂長《ちさかたけし》がいた。毎晩中華料理屋の二階で、保存のため対策を練っていたが、千坂は言った。

「行政に意見を聞いてもらうためには、ただ遺跡が大事だけですじゃ駄目です。いろんな作戦を考えないといけませんよ」

石野は言った。

「作戦とは何ですか？　大事ですと言うのは違うのですか」

このとき、彼は保存に向けての具体的な取り組み方法を教えてくれた。その一つが現場へ見学に来る人へのビラまきだった。しかもビラにも作り方があると教えてくれた。

十月三十日には大分県の別府大学で日本考古学協会の秋の大会が行われたが、そこでもビラを配った。このとき石野は初めてガリ版刷りのビラを作った。

「すごい遺跡ですからと紙いっぱいに書いて、ガリ版を切ったまではよかったけどね。できあがりを見たら両脇が全部写っていなかった」

石野は苦笑した。時間がないので、両端が途切れたビラを協会で配布した。ビラの効果は絶大で、遺跡の重要性が多くの研究者に伝わり、全国の学生たちが調査を支援するようになった。

譜代大名と外様大名

十一月下旬に日本で初めての弥生時代の木棺が発見された。そこから人骨も見つかった。これは電撃的なニュースとして多くの人にインパクトを与え、市民の間に保存運動について高まりを見せることになった。

そして住居群を区画する濠も見つかった。このとき調査団長の村川行弘が方々に調査の支援を要請した。横山浩一、佐原真、高島忠平、工楽善通ら奈良国立文化財研究所の技官も支援に来てくれた。彼らは尼崎市から給料は出なかったが調査に協力した。

このとき見つかったのは弥生時代の十七基の埋葬施設で、うち三基は方形周溝墓だった。二つの木棺の中からは銅釧、管玉の首飾りも見つかり、他の木棺との優位性を示すことになり、この時代の階級社会の存在を証明するものだった。これらの姿が徐々に明らかになってゆくにつれて、市民やマスコミの関心も向いてきた。

石野は語る。

「佐原さんを中心にして、これはすごい遺跡だから残したいということだった。だけど彼らは国家公務員だから運動の表には出られない。それでも裏方はなんぼでもやると言って、いろんな方面との連絡をやってくれました」

ただ考古学のプロである奈文研のメンバーには、石野たちが手がけた調査は欠陥が多すぎるという指摘があった。図面の取り方ひとつにしても稚拙に見えた。彼らは石野たちに具体的に間違いを遠慮なしに指摘した。

「そりゃそのとおりなんですよ。図面にしてもこっちはきっちりしていなかった。向こうの言っていることは正しいのだけど、腹が立った」

木棺が見つかるまでは主に石野たちが調査の中心だった。そのときの調査経費は一平方メートルあたり、千円である。ところが木棺が出てから経費は一万円に上がった。

石野は奈文研のメンバーに言った。

「わしらは千円でやってたんだ。やれるもんなら千円でやってみろ」

多国籍軍の発掘ゆえ、人間関係も複雑だ。石野は、木棺や人骨が見つかる前から調査した人を「譜代大名」、その後に来た人を「外様大名」と呼ぶ。奈文研の技官は外様大名である。

譜代と外様、調査のやり方も違っていたが、石野の印象に残る出来事がある。

「田能には大中小いろいろな穴があるんです。土器のカケラのある穴もありました。私たちは全部図面を取っていたのですが、奈文研の人たちはゴミ穴だから図面を取る必要はないと言ったのです。僕らは何かあるかもしれないから必要だと言い合いをしたんです」

確かに話を聞けば、ゴミ穴だとわかった。もう図面は必要ないと思っていたら、そこから銅剣の鋳型が出た。五、六センチのものだが、近畿で初めて見つかったものだ。

佐原真は「やはり穴の図面取りましょう」と言い出した。石野は「そらおかしいでしょう。取る必要ないと言ったのに、いいものが出たらなんで取るのですか」と反論した

「その頃、遺跡の保存運動について一つの考え方があったんです。岡山大学の近藤義郎先生が遺跡にランクをつけてはいけないと言われていた。僕は思わず、これは遺跡のランクづけじゃないかと佐原さんに言ったのです」

以後、穴は以前のようにすべて図面を取るようになった。

考え方の相違はあったが、奈文研の技官は陰に回って保存運動を支援してくれた。

翌四十一年の正月にも調査は行われ、弥生時代の墳墓である方形周溝墓が発見された。奈文研の技

官たちは地元の日蓮宗のお寺に宿泊した。地元の人たちにも日蓮宗の信者が多かった。そのため信者の人たちが集まって、木棺の遺体の供養のため、太鼓を叩いて題目を唱える人たちもいた。

人骨が発見されたときは、朝から晩まで多くの人が見学に訪れたが、団長の村川は説明と調査の疲労が重なり、神経性胃潰瘍で倒れてしまった。

だがそれでも、見学に来た人たちに遺跡の説明と重要性を知らせなければならない。病身の村川は自分の声をテープレコーダーに吹き込んで、スピーカーをつけて流した。

「田能遺跡は弥生時代の木棺がわが国で初めて発見され……」

という口上が毎度繰り返し流れる。この場所が遺跡の四区というもっとも広い地域だった。発掘しながら、石野たちは言った。

「また村川さんの声、同じことを言うとるわ」

と調査員は笑ったが、テープが珍しい時代だった。

ついに保存へ

地元の有志で保存組織も作られ「田能遺跡を守る会」が結成された。街頭での保存要望署名は三日間で五千人を超えた。地元の商工会議所で発掘の後援会を作った。

二月には遺跡の重要性を知った三笠宮殿下も視察に訪れた。一般市民や学生たちも手弁当で発掘に参加し、新聞、テレビでも報道された。前代未聞の何万という見学者が訪れたことも遺跡の重要性を一般に知らしめることになった。市民の中からも遺跡の永久保存を訴える声が高まり、尼崎市は調査期間の延長を決めたのである。

昭和四十一年六月に配水場の建設場所の移転が決まり、遺跡の五二〇〇平方メートルの保存が決定した。

石野は言う。

「住民運動のおかげでしたね」

このとき石野は三十歳になったばかりで、毎晩十一時まで調査について話し合いを行っていた。まだ新婚早々だったが、妻は高校教師をしながら生計を立ててくれた。毎晩遅く帰宅すると、寒い中でも玄関の外で待っていてくれた。

「尼崎市はバイト賃をくれましたけど、飯を食えるほどの金額ではなかった。やはり遺跡に飛び込んだのは若気の至りでした」

石野の妻は、世の中なんとかなると考えるタイプで肝が据わっていた。

昭和四十四年には田能遺跡は国の指定史跡になった。ただし保存された区域は遺跡の半分にも満たない部分であった。すべては残されなかったが、遺跡を保存するために社会運動が必要であることを示す恰好の事例になった。

田能遺跡の調査が終わると、石野は別の発掘現場に行くことになった。兵庫県では新幹線、中国高速道路が造られ始めたので、末永の推薦で、県の臨時職員として調査に従事することになった。五年後に奈良県の文化財担当の正職員になった。

さて末永に立て替えてもらった月々の千円返済はどうなったのか。石野に尋ねると、「きちんと返しました」ということだった。

就職してから毎月返したが、妻が仕事を辞めるときに、残っている金額を全額払った。

その後、橿原考古学研究所の研究部長時代に、奈良県生駒郡斑鳩町の藤の木古墳の石室をファイバースコープで映し出し大きな話題となった。石室には刳りぬき式の家形石棺（※8）があった。昭和六十三年のことだったが、マスコミが調査の模様をテレビで全国放送した。折りしもこの日は日本考古学協会の総会を行っていた。協会の懇親会の席上、テレビで石室内部が流された。

このとき協会の良心的な人たちから、

「総会の日になんてことをしてくれたんだ。橿原考古学研究所はどんなところなんですか！　研究会の邪魔をするのですか」

会場では、藤の木古墳の調査が話題となって、研究会発表に集中できないという理由からだった。

「言われればそうだけど、こっちは石室の中を見ることに精いっぱいだった。協会の総会を気にして発掘をやっているところはどこにもないからねえ。ふつうは全国放送になる調査も少ないから、ぶち当たってしまったんですね」

石野は苦笑する。

彼が「考古学エレジー」を聞いたのは、社会人になって九州に行ったときだった。それと別に彼らも唄を作っていた。

「ざれ唄ですけどね」

大学院に入る前に兵庫県小野市の焼山古墳群を調査したときである。このとき昭和八年生まれが偶然八人いた。そこで「88会」と名乗った。そこには後に奈良国立文化財研究所所長になる田中琢、京都市埋蔵文化財研究所調査部長となる田辺昭三らがいた。厳しい発掘で、早朝から夕暮れまで続いた。寺に泊まり込んでいたが、現場まで延々と歩かなければならない。誰かが言い出した。

∧朝はあさぼし（朝星）夜はよぼし（夜星）昼はさくらぼし　いただいて∨

日の出とともに出かけて、夜は星が見えるまで。昼はさくらぼしという煮干しが弁当だった。そんな唄を呟きながら歩いた。

石野は考古ボーイの体験も踏まえ、若い研究者には助言を怠らなかった。もし縄文時代をやりたい研究者がいたら、それ以外の分野を勉強しなさいと言ってきた。自分のやりたい時代を勉強するためには、若い時分にそれ以外の分野を学ぶことが大切だというのである。

「考古の世界で中学、高校からやっている人は育たないというジンクスがあります。それはね、考古ボーイは天狗になるのですよ。僕が末永先生に対して、石斧をただの石ころですと言ったように。僕は知っていますからと。あれは本当に石斧でした」

彼にとっては、考古ボーイのプライドを打ち砕き、虚心坦懐に学ぶ意味を教えてくれたのも恩師末永雅雄だった。

戦争と考古学と遺跡保存と――石部正志

遺跡は守られたものもあれば、無残に破壊されたものもある。その辛酸を味わいながらも、高校生を育て、彼らとともに保存運動の先陣を切ったのが石部正志である。石部は後に宇都宮大学国際学部教授を務めたが、大学卒業後は大阪府立泉大津高校に赴任した。

石部は昭和六年に大阪市に生まれ、戦時には千葉県市川市に移転した。後に國學院大學を経て、同志社大学大学院に進むが、彼の歩みを辿ることで、戦火の時代の歴史学と戦後の遺跡破壊が浮き彫りになってくる。

「戦争中はまったく考古学は教わりませんでした。戦前戦中は考古学的な教育はありませんでしたから」

石部は開口一番に語った。確かに考古学をやっている人は戦前にいて活躍もしていたが、世間では認められることは少なかった。差別されていたわけではないが、変わった人だと見る者が多かった。

このとき彼は市川市にいたが、この地は堀之内貝塚（※9）、姥山貝塚（※10）など縄文時代の遺跡が数多くあるが、これらの大半が貝塚であることを知らなかった。

「実際に遺跡はあるわけだから、興味を持って遺跡歩きをする人はいましたけれどもね、学校では習わなかったんです」

中学二年生のときだった。親戚に後に〝縄文じいさん〟と呼ばれた考古学マニアの塩野半十郎がいて、東京の多摩から石部の家にやって来た。彼は言った。

「この裏に貝塚があるんだよ」

「貝塚って何だ」

「石器時代の遺跡だよ」

だが石部は石器時代も知らなかった。塩野は日本で一番古い時代だよと説明した。なおも理解できずに、尋ねた。

「神武天皇より古いか」

「そんなものよりずっと古い」

貝塚に行って土器の破片を拾った。その日から考古学に夢中になり、学校から帰るとブリキのバケツを持って貝塚に行き、いっぱいになるまで貝や土器を拾った。それが考古学への目覚めだった。

「そりゃ初めて見たらびっくりしますよ。貝塚なんて教わっていなかったのだからね」

新しい歴史に目が開いた瞬間だった。

東京大空襲

石部は中学時代に戦火をかいくぐった経験もしている。戦前の中学は五年制だったが、彼は三年生で勤労動員を命じられた。その多くが軍需工場へ行かされたが、石部は千葉県船橋市の中山競馬場で働かされた。軍馬の面倒を見るためである。

「軍需工場でなくてよかったですよ。馬は乗り放題でしたからね」

工場は空襲に遭いやすい。だが戦争も末期になると、日本は制空権を奪われていたため、馬小屋も機銃掃射を受けた。

天気のいい日だった。突然馬小屋に向かってグラマン・ワイルドキャットなどアメリカの戦闘機が襲いかかってきた。真昼間のことであった。空襲警報だったので、石部らは小屋（厩舎）にこもっていた。誰かが「馬一頭外に出てるぞ」と叫んだ。小屋の外の立木に馬が繋がれていた。運悪く石部は厩舎の入り口近くにいた。戸を開けて、馬の許に走って行った。

大空の高いところに戦闘機が見えた。馬の手綱を取って小屋に戻って行くときだった。小屋の中から、教師や同僚が「伏せろ！」と叫んだ。飛行機は直角に急降下していた。だが直感でその場に伏せていたらやられると思い、走って小屋に戻った。走りながら自分がもといた場所を振り返ったとたん、そこに機銃掃射の機関砲弾が撃ち込まれた。

セオリーどおりに伏せていたら、串刺しに撃たれていたところだった。

戦後、『禁じられた遊び』という映画を見たが、主人公の少女の両親も地面に伏せていて機銃掃射にやられて死んでいる。戦争のときはセオリーも何もなく、その場でとっさに判断するしかないと石部は思った。

昭和二十年には自宅が爆撃機に襲われた。そのとき石部は小さな弟と一緒にいたが、空襲警報が鳴った。上空を飛行機が飛んでいる音がしたが、次第に音が大きくなった。

「いつもと音が違う。爆弾の音だ」

とっさに弟を抱えて押し入れに飛び込むと同時に着弾した衝撃で、頭を打った。激痛がしたが、それがあれほど嬉しかったことはない。

「だって生きてるということでしょ」

石部は笑った。爆弾は家を直撃したのではなく、すぐ隣に落ちていた。外に出て防空壕を覗くと震えて失神状態のおばさんたちがいた。

三月十日に東京大空襲がやって来た。このとき彼は屋根に上って一晩中様子を見ていた。

「中学生だったからあまり怖くは感じなかったのです」

市川市からも東京の状況はよく見えた。最初は一機だけがやって来た。東京の上空で大きな落下傘がランプをつけながらゆっくり落ちだした。その落下傘のランプに照らされて、落ちてくる直下は明るかった。

「野球場のナイターと同じですよ。ものすごく明るくなったんですよ。東京中が真昼間のようになったんです」

やがて第一編隊が山の手にやって来た。渋谷か新宿あたりで二手に分かれた。風上に来ると編隊はまた何か落とし始めた。地上一〇〇メートルほどで無数のランプみたいになった。それが焼夷弾だった。一斉に火の雨が降りだした。再び真っ暗になった。

「煙がたくさん出たから暗くなったのでしょう。数秒するとまた明るくなりました」

次に第二編隊がやって来た。今度は東京の北と南に分かれて焼夷弾を落とした。

「第一編隊と第二編隊が東京をコの字に囲んだのです。風下だけ残して落としたのですね。第三編隊はコの字の真ん中に落とした。十万人以上亡くなったそうですが、これでは助かるはずはないです。この光景を見ると、以後どんなスペクタル映画を見ても感動しませんでした」

一夜が明けた。東京と市川市の境には江戸川があって、当時は市川橋という橋が一つしかなかった。石部は大空襲が気になり、橋まで行った。

「もう蟻の行列ですよ。真っ黒なものがトボトボと途切れ目なく歩いてくる。着ているものが焼けているから黒いのです。顔も真っ黒でした。人間とは思えないですよ」

そのとき七歳くらいの少女が死にかけたニワトリを大事そうに抱えて歩いてきた。

「僕も中学生だったから、残虐なこと聞いたんだね」

石部がつい声をかけた。

「何してるのお前、そんなもの持ってどうするんだ！」

その瞬間、女の子は抱いているものがニワトリと気づいた。錯乱して母親だと信じていたのである。突然彼女は「お母ちゃんがいない」と泣き叫んだ。

「悪いことしたなと思って僕は家に帰りましたけどね。あの頃は食糧難で、どこでもニワトリを飼っていましたから、衝動的に一番大事なものを持っていたんですね」

池上曽根遺跡

石部は、恩師が國學院大學出身ということもあり、國學院大學予科に進む。予科というのは学部への予備教育課程で、二年間の修業を経て、学部への入学ができる仕組みであった。

彼は本格的に考古学を学び、姥山貝塚の調査で東大の助手をやっていた酒詰仲男と出会う。石部は大学は出たが、就職が決まっていなかった。酒詰は同志社大学で教鞭を執ることになったので、彼の勧めもあって、石部は同志社大学大学院に進んだ。

修了後、大阪府立泉大津高校の教師になった。そこには地歴部顧問として後の同志社大学教授の森浩一がいた。森とともに石部は地歴部の顧問となった。

石部は教師の傍ら、和泉市の文化財保護委員もやっていた。保護委員長は南繁則である。後に彼は「池上曽根遺跡の父」と呼ばれる。

この地域には学校から一キロ足らずの場所に弥生時代の環濠集落である池上曽根遺跡（※11）がある。すでに明治時代から石鏃が発見されていたが、昭和二十九年にも地歴部が土器を採集していた。

遺跡が危機にさらされることが判明したのは、昭和三十五年頃だった。大阪府営水道の本管敷設工事が、遺跡の有無を調査しないまま始まったからである。

幅一メートルの溝が池上曽根遺跡中央部を南北に貫く形で造られた。顧問の森浩一、石部は地歴部員に指示して昼休みと放課後に工事現場に行かせ、遺物を採集させ、その地点を地図にドット（点）を記させた。これで遺跡の範囲がわかる。

生徒たちは野帳に所見も記し、大きな溝状の遺構があることが判明した。弥生土器も多く出土していた。

「高校生が調査したときはまだ、環濠集落や方形周溝墓は見つかっていませんでした。このときは遺跡の両側に大きな堀があるらしいことがわかりました」

この堀が集落を取り巻く環濠だと後に判明する。弥生土器は前期から後期まで揃っていた。

「とにかく遺物がモーレッにありました」

しばらく経った頃である。石部は遺跡の近くに住んでいたが、ある日自宅のポストに一枚のチラシが入ったことに気づいた。役所からで、〈第二阪和国道建設にご協力をお願いします〉と書かれてあった。場所を確認すると、それは遺跡の中心部を通ることになっていた。これは石部だけでなく地元住民に天下り的に国道建設が一方的に知らされたものだった。

「これは大変なことになった」

彼は驚きを語る。すぐに文化財保護委員長の南繁則の許に行って報告すると、彼は言った。

「池上遺跡を守る会を立ち上げよう、石部君も会員になりたまえ」

二つ返事をすると、石部がその場で設立趣意書を書かされた。会が正式に結成されるのは昭和三十九年である。南を中心に地元民による「池上弥生遺跡を守る会」が作られた。

それまでも和泉市議会や文化財保護委員会も遺跡保存を訴えてきた。だが建設省はこの動きを黙殺した。しかも昭和四十三年に、万国博覧会までに国道を建設するという決定を出した。これに絡み大阪府は範囲確認調査を実施することになった。

このとき新規採用された大阪府の文化財担当職員が調査にやって来たが、一人でトレンチを掘っていた。これでは調査は進まない。それに工事も迫り急を要する。地歴部員たちが調査を手伝うと、大規模な環濠集落だとわかった。

遺跡の規模も当初の予想よりかなり広いことがわかった。これだけの遺跡を破壊させるわけにはゆかない。

石部は保存運動について語る。

「住民は理解してくれた人が多かったけど、理解しない人もいました。吉野ヶ里や池上遺跡もそうですが、このような状況の遺跡はたくさんあるのですね。だけど運が悪いのですよ。研究者は知っていても、一般の方が知らないため遺跡は消えてなくなるのですよ」

そのため皮肉なことだが、一般住民の保存運動が行われれば遺跡が残るケースが出てくる。幸いなことに高校生にとっては、遺跡が学校の近くにあったため、昼休みに弁当を早く食べて、彼らは調査に行くことができた。現在の管理の強まった学校では無理なことであろう。

この当時、文化財保護の思想は今ほど進んでいなかったが、石部は住民を動かしている。

「遺跡がどういうものかきちんと説明してアピールすれば、反対する人はほとんどいません。わからなければ実物を見せるのです。皆、そんな大事なものかと思うのです。保存運動をしなければ絶対に残りませんからね。伝えるために、池上遺跡の保存運動のクライマックスのときは一週間に七万枚のビラを作りました」

すべての家に行き渡るように、学校の先生たちも協力して配布を手伝ってくれた。スライドによって遺跡の調査報告もなされた。

調査の結果、遺跡は南北一〇〇〇メートル、東西五〇〇メートルの広さだとわかった。結局国道は予定どおりに造られたが、その他の部分は保存された。

なお、遺跡は和泉市池上町から泉大津市曽根町にまたがるので、現在は池上曽根遺跡と呼ばれる。後に国の指定史跡になった。ただし現在も遺跡の中を第二阪和国道と府道も通り、遺跡は分断された状態にある。

なぜ石部は保存運動に力を注ぐようになったのか。そこには彼の戦争体験があった。いわゆる神武天皇から始まる皇国史観の歴史である。

「僕らは嘘の歴史を教わったわけです。そのとき文字は駄目だ、人の作った言葉は駄目だと思いました。考古資料は確実に存在しているから、誰にもわかります。歴史の真実を伝える証人です」

だから、遺跡は絶対に残さなければならないと考えた。

池上遺跡調査の数年前、岡山県飯岡村（現・美咲町）で月の輪古墳（※12）が住民と研究者が一体となって発掘した。この模様は『月の輪古墳』という記録映画になり、国際記録映画賞を受賞した。これも文化財保護思想に影響を与えたが、石部は調査後、現地に行っている。

「皇国史観に限らず、インチキの歴史を考古学は正すのではないでしょうか」

悲劇の結末　泉北ニュータウン

だが石部も腸が煮えくり返るほど悔しい思いもした。その一つが泉北ニュータウン建設予定地にあった須恵器窯跡だった。石部は強い口調で語る。

「あの時代の大阪府の最大犯罪行為です」

泉北ニュータウンは大阪府堺市、和泉市の丘陵に造られた住宅地区で、昭和三十八年に基本計画が発表され、四十年から五十七年にかけて造られた。現在約五千八百世帯の人が住んでいる。じつはこの全域が須恵器の窯跡地帯だった。だがニュータウン建設のため遺跡は壊滅した。

以前から和泉市から堺市、大阪狭山市にかけて夥しい窯跡があることは知られていた。だが遺跡の分布状況や細かいことはわかっていなかった。

地歴部の部員たちは放課後になると自転車に乗って窯跡を探し、そこに番号をつけて地図にドット（点）を落とした。奥野という部員は一人で二百か所以上の窯跡を見つけた。石部は遺跡の全体像がわかれば、次には発掘調査をしたいと考えていた。窯跡は九割九分が未調査だった。この頃を彼は回顧する。

「高校生にはそれほど指導してなかったですよ。だけど彼らは本当に夢中でした。毎日放課後の三時前後になると部室に集まって支度して自転車で出かける。夕方暗くなるまで帰って来なかったですね」

真冬でも生徒たちは汗を流して窯跡探しに夢中になった。あの頃は遺跡の傍には池がたくさんあった。大阪は雨があまり降らないから、かんがい用に池があちこちに造られていたのである。生徒たちは冬でも暖かい日には、石部に声をかけた。

「先生、見張りしといてな」

そう言うと、服を脱いで池に飛び込んだ。

「暖かい日だと、彼らも汗流して疲れているから、池に入りたがったんですね」

まだ住宅地帯ができる前は、丘陵地帯はほとんどが藪だった。やがて大阪府企業局による泉北ニュータウン造成計画が発表された。分布調査を担当した森浩一は地歴部員とともに彼らが発見した窯跡を見て回り、企業局は窯跡の分布図を作成した。

一方で、こういうこともあった。

大阪府の若い職員が、窯跡の確認をしようと歩いていると、遠くから見ている人たちがいた。職員が立ち止まった場所をチェックしていて、夜に彼らはユンボで窯跡を掘り起こし、須恵器の完形品を多く盗った。これらを山分けして買い取り業者に売ったのだという。

「大阪万博の頃でね。ほとんどの須恵器は海外へ流失したと思います」

大資本の古美術部が動いていた。

その後、突然京都から研究者の一団がやって来て、窯跡の調査を始めた。ニュータウンの建設は急がれており、不十分な調査のまま窯跡は工事で大半が破壊された。

このことについては反省点もある。

「住民運動が起こるのが少し遅かったのですよ。私も池上遺跡の保存運動で精いっぱいだった。窯のほうは気になっていたけど、行けなかったのですね」

じつは文化財保護と別に、泉北ニュータウン造成地区に住む人たちは「泉北地区土地取り上げ反対」というのぼり旗を立てて、ニュータウン建設に反対していた。この闘争は「日本農民組合」という組織が中心だったが、これはかつての小作農の組合の名残があった。この時代は農地改革で小作農は一人もおらず、皆地主になっていたが、この土地には戦前までの旧地主、寄生地主がいた。寄生地主はその土地の古くからの親分である。土地への愛着も先祖代々から強い。それがニュータウン建設で根こそぎ取られるというので日本農民組合に入って、中心メンバーになっていた。だが彼らはその地が須恵器の重要な窯跡がたくさんあることを知らなかったので、闘争に遺跡保存を使っていなかった。

石部が、土地の市会議員の許に行って遺跡の話をしたとき、市会議員は怒って、声を上げて泣いた。

「あんたが来るのが遅すぎた」

彼は言った。

「そんな大事な遺跡があるのなら宝だよ。泉北ニュータウンは絶対に造らせなかった。なんで今頃来たんや」

ニュータウン反対に遺跡を使えなかったのは痛かった。

窯跡は日本における須恵器の生産の初期から奈良、平安時代に至るまで造られており、須恵器生産の歴史を見ることができるということ、古代の産業社会、政治の実態を知ることのできる貴重な遺跡だった。

地歴部員は自分たちが発見した遺跡を調査することも許されず、黙って見ているしかなかった。


ニュータウンが造られた後の話である。

石部はあるとき、ニュータウンにある府の収蔵庫を訪れた。たまたま戸が開いていたので中に入った。それに気がついた職員が血相を変えて「出て行ってくれ」と言った。なぜなのか石部は首を傾げたが、ぱっとコンテナ、箱が多く置いてある棚を見たら、そのすべてに「出土地不明」のラベルが貼られてあった。

「府が窯跡を見つけても、土器を野積みにして何か月も野ざらしにしていたわけです。それからずっと後で回収したのではと思います。もう袋も破け、ラベルも取れていたし、そのうえ持ち帰っても整理はしてないから、圧倒的多数は出土地不明で役に立たなくなっていたのです。そんな状態になって今でも多くの須恵器が眠っていると思います」

関西地区では高度経済成長による開発で多くの遺跡が壊されたが、それはまず関西地区から大開発が行われたということがある。高速道路、大工業地帯、すべて関西を試金石にして着手され、その後首都圏で同じように造られている。首都圏で失敗は許されないから、まず大阪でやってみて、という政略があったのだろう。

「大阪は首都圏の実験台になったわけですね。だから大阪の被害はずば抜けて大きかったと思うんだな」

石部は、遺跡保存には真実を正しく伝えることが大事と言う。その間も地歴部員たちは放課後遺跡パトロールに行き、学校に戻ると記録を残した。これらの積み重ねが、遺跡の分布状況、市民の遺跡保存への意識啓発に少なからず役立ったと言えるだろう。

あるとき、東京大学名誉教授の江上波夫が石部に尋ねた。

「君、フランスと日本、文化予算がどれくらい差があるか知っているか」

「知らないです」

「日本はフランスの三百分の一しかないのだよ」

江上は答えたという。石部は今、語る。

「記録保存という言葉がありますが、私は死語にしたいくらいです。破壊と言わないで記録保存。悲しい言葉やな。今は、こういう形でしか発掘ができないのも残念ですね。僕もね、あいつは考古学ができないから保存運動を一生懸命やっていると言われたことありますよ。まあ、できがよくないのは間違いないですが」

そう笑った後に、「これからも歴史が続いてゆく限り、遺跡は造られてゆきますから」と付け加えた。それらの遺跡を私たちは守ってゆけるだろうか、今問われている。

※1 **藤の木古墳**＝奈良県生駒郡斑鳩町にある直径五〇メートル以上、高さ九メートルの円墳で、出土品から、六世紀後半に築造されたと推定。

※2 **纒向遺跡**＝奈良県桜井市にある弥生時代末期から古墳時代前期にかけての集落遺跡。国の史跡に指定されている。

※3 **方形周溝墓**＝溝を埋葬部分の周囲に方形に巡らした墓。弥生時代から古墳時代前期に造られた。

※4 **甕棺墓**＝弥生時代に見られる甕や壺を棺として埋葬する墓。

※5 **加曽利E式**＝千葉市にある加曽利貝塚から出土する土器形式。縄文時代中期後半と言われる。

※6 **加茂遺跡**＝兵庫県川西市にある近畿地方を代表する弥生時代の大規模集落遺跡。

※7 **焼山古墳群**＝かつては二百基近く存在していた六世紀頃の古墳群。現在も十四基が残る。県指定。

※8　**家形石棺**＝古墳に置かれる石棺だが、蓋石が家の屋根の形をしている。
※9　**堀之内貝塚**＝千葉県市川市堀之内にある縄文時代後期から晩期の貝塚。
※10　**姥山貝塚**＝千葉県市川市にある縄文時代中期から後期にかけての貝塚。
※11　**池上曽根遺跡**＝大阪府和泉市池上町と同泉大津市曽根町とにまたがる弥生時代前期の環濠集落遺跡。
※12　**月の輪古墳**＝岡山県美咲町飯岡の標高三二〇メートルの山頂にある五世紀前半の直径六〇メートルの大型円墳。

第六章

「考古学エレジー」を生きる

求め求めて流れゆく
旅路の果ては知らねども
我青春のこのさすらいを
愁いを込めて詩うかな

写真：昭和40年8月、福井県鯖江市長泉寺山古墳群発掘風景（写真提供＝富田紘一）

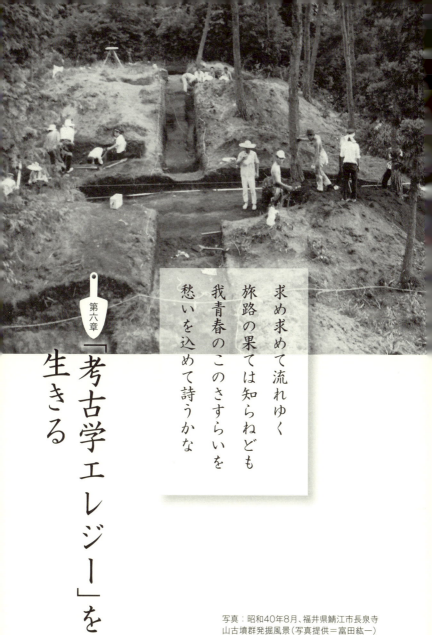

若き日に考古学を志し、数々の障壁に阻まれながらも、自分の道を生き抜いた人たちがいる。まさに「考古学エレジー」の歌詞そのものを生き抜いた人たちである。

就職しても、夢断ちがたく――清水宗昭

大分県教育委員会で文化財担当として活躍した清水宗昭は、一度社会に出てから、再び考古学の世界に戻った変わり種だ。大企業の系列の鉄鋼会社に勤めながら、職をなげうって、大学で考古学を学んだ。その理由を聞くと、

「考古学を勉強したかっただけです。先のことは考えていません。考古学の魔力でしょう」

と笑った。波乱万丈と言えば、そうである。そんな清水の人生を追った。

清水は昭和十九年長崎市茂木町に生まれている。ここでは化石など見られ、地質学的にも重要な土地である。彼の考古学との出会いは、小学校六年の頃に見た「月の輪古墳」の発掘記録映画だった。昭和二十九年に放映された発掘の記録映画である。月の輪古墳は直径六〇メートルの円墳で、岡山大学の近藤義郎を中心に、地元住民、教師、学生たちによって調査が行われ、一つの地域運動、地域教育として話題になった。

清水は小学校の教室で映画を見た。古墳の葺石（墳丘が崩れないように古墳に積まれた小さな石）

を出す作業を中学生や農民がやっている姿を見て、郷土の歴史が自分たちの手で明らかになってゆく光景が新鮮に映った。石にも関心があったので、化石の多い茂木町は環境もよかった。

「将来は自分も古墳を発見したい」

いつしか考古学者を夢見るようになったが、突然彼に不幸が襲った。父親が中学一年のときに原爆が原因のがんで亡くなったからである。

彼は四人兄弟の長男として家計を助けなければならなかった。父親は昭和二十年八月九日、長崎三菱兵器工場で働いていたが、原爆がこの地に落とされ、吹き飛ばされてしまった。このとき清水も一歳で、実家の茂木町で被爆したが、爆心地から一〇キロ離れており、山の陰でもあったので、症状は出なかった。

「父は被爆して十三年後に亡くなりました。被爆するとほとんどがんになりますね。被爆者健康手帳も申請していません。私もしておりません。これには理由があるのですが」

被爆者健康手帳を持っていれば医療費の援助が受けられる。しかし、長崎の被爆者は、自分の子供たちの就職や結婚に差し支えるので本人も含め申請しない人が多かった。

「隠れ被爆者が多いのです」

清水はそう語るが、そんな父の思いを知ったのはずいぶん後になってからだった。中学時代は郷土部に入って、長崎市内の深堀遺跡（※1）で土器を拾い「考古ボーイ」になったが、新聞配達もして家計を支えた。彼は早く社会に出て家族を養ってゆかねばならない。高校は工業系の学校へ進まざるを得なかった。

昭和三十八年長崎工業高校を卒業すると、三菱製鋼株式会社に勤務する。大手の会社であった。働きながら、休みを利用して調査ができればよいと考えていた。実際、高校を卒業して入社までの五日間を福井洞穴（※2）の調査に飛び込みで入っている。福井洞穴は長崎県吉井町（現・佐世保市）にある。自宅から通えないので、近くに住む叔母の家に泊めてもらい、弁当を持って通った。

「調査報告書には私の名前はないですが、本格的な発掘調査を初めて体験しました。僕は洞窟の中には入れてもらえずに、岩盤をひたすらツルハシで叩いていました。隆起線文土器や細石核が出て、すごく感動しましたよ」

調査のメンバーも一流だった、旧石器時代の専門家の芹澤長介、鎌木義昌らの姿もあった。旧石器時代の遺跡に土器が見つかるという今までの常識を覆すものだった。

就職前の不安な時期に、遺跡の調査に行くのだから、清水も相当な考古ボーイであった。

一年目は有給休暇をすべて使って深堀遺跡の調査に行った。二週間の休みだった。これは大分県別府大学と長崎大学医学部による合同調査だった。このとき後に恩師となる別府大学教授の賀川光夫と出会った。夕方五時まで勤務して一日おきに長崎大学に通って深堀遺跡の整理作業の手伝いをする日が続いた。

二年目は五島列島の富江貝塚（※3）調査に行った。三年目の調査のときは、明治大、國學院大、九州大など別府大学以外の学生もおり、清水も大学生たちと交流する関係になっていた。賀川は学生を差別せず、平等に接した。その懐の深さを見て清水は感銘した。

長崎市内にある脇岬貝塚（※4）の調査のときは、後に長崎県教育委員会で働く安楽勉、宮崎市教育委員会に勤務する野間重隆など別府大学の学生が来ていた。そこで彼らの知識を前に、清水は自らの不勉強さを思い知らされた。

「たった一年に一回の発掘では、これでは中途半端になるな。本格的に勉強しないとまずいなと心底思ったのです」

大学で本格的に考古学をやりたい。しかし学資はどうするか。一家は自分と母親の稼ぎに頼っている。幸いなことに、彼が働いている間に、次男が高校を卒業して就職した。長女も就職した。末っ子の弟がまだ高校に入ったばかりだが、定時制だったので、昼間に働き、学費は自分で出してくれるだろうと思った。

あとは自分の学費だ。四年間働いて少し貯金もあった。入学金はなんとかなる。調査で出会った温厚な賀川先生の学風に惹かれ、別府大学を受験しようと決めた。

母親に相談すると「好きなようにしなさい」と言ってくれた。考古学を学んだからといっても、就職先は見えない時代である。不安はなかったかと聞くと、

「我々の世代は展望なんてない時代ですから」

と一笑に付された。清水は会社が終わると受験勉強をして、昭和四十二年に別府大学史学科に入学した。

恩師・賀川光夫

清水は同期よりも四年遅れで入学した。後に別府大学助教授になる坂田邦洋は四年生だったが、清水と同い年だった。坂田は史学科一期生でもあった。清水の同期には、山崎純男（のち福岡市教育委員会）、高木正文（のち熊本県教育委員会）、横山邦継（のち福岡市教育委員会）ら、のちに考古学の最前線で活躍する人たちがいた。清水が「考古学エレジー」を知ったのは、別府大学に入学したとき、熊本から来た山崎か高木から教えてもらったようだと語った。

だが当時は学園紛争の真っ最中で、清水自身も自治会活動を行っており、講義も十分に行われていなかった。そのため賀川は週に一回自宅に学生を呼び、書庫を開放して、学びの場を作ってくれた。教室で講義が行われるときは、十人の考古学専攻生が集まり、家庭的な雰囲気で賀川の話を聞いた。賀川は温厚だったが、学問に対しては情熱的で「現場を大事にしろ」とよく語った。しかも出来の悪い学生、よい学生一切差別することはなかった。

賀川は大正十二年生まれで、二年間の航空隊兵役の経験があった。その後、昭和二十六年から縁あって別府大学で教鞭をとっていた。昭和二十八年には大分県早水台《そうずだい》遺跡（※5）の調査では旧石器、縄文早期の遺物を検出し、旧石器時代の研究を始め、縄文時代の晩期の農耕論も提唱している。のち学長も務めた。

「賀川先生は縄文晩期農耕論にしても、国内だけでなく、中国、韓国まで視野に入れた発想をなされた。視野も広く、度量が大きい先生でした」

清水は賛辞を惜しまない。

賀川は兵役のときから肺が悪く、結核を患った時期があった。彼は宇佐航空隊にいたが、除隊後は大分県佐伯市で療養に努めていた。その後遺症で肺の状態は芳しくなかったが、ちょうど清水が学生時代に肺に膿が溜まる病気になってしまった。肺の片方をつぶしたが、大手術となり、どうしても新鮮な血を必要とした。学生から輸血を募りたいが、あいにく学園紛争で、学生たちはセクトに分かれて対立していた。

大学側についた応援団は、立場が違う学生の入構を認めない。だが清水が事情を話すと、右翼も、左翼も思想の違いを超えて、賀川に協力したいと申し出た。輸血も多く集まり、賀川は苦境を乗り切った。

昭和55年8月、大分県横尾貝塚にて。中央が賀川光夫（別府大学名誉教授）、左端が後藤宗俊（別府大学名誉教授）。右端が写真を提供してくれた清水宗昭

「先生はすごく感謝されてね、学生たちにご自分の本を贈られてました」

清水は卒業が決まっても、就職が決まってなかった。なければないで、長崎に戻って別な仕事をしようと思っていた矢先に、賀川が大分県の教育委員会の嘱託職員を紹介してくれた。折から開発が進み、行政にも文化財専門の職員を必要としていた時期だった。

翌年、清水は専任の採用試験を受けて、正式な職員（大分県教育庁文化課勤務）となった。

「母は長崎におりましたが喜びました」

清水は大分県教育委員会に勤務して大きな発見をしている。その一つが昭和四十九年に杵築市で九州最大級の円墳と呼ばれる御塔山古墳である。この古墳は国東半島の東南端にある東九州を代表する古墳だ。長径は八〇メートル。遺跡地図を作っているとき、樹木を入っていくと、山の斜面の角度のつき方が不自然だった。これは古墳ではないかと思ったのが発見の発端だった。

もう一つが御塔山古墳の傍にある小熊山古墳である。全長一二〇メートルの前方後円墳だが、平成三年に山上の祠を調べに行ったとき、段がいくつも造られ、前方後円墳ではないかと直感したのが、発見に繋がった。これも九州ではトップクラスの規模の古墳である。

国東半島を大和政権が重視していたことがわかる古墳である。

清水が退職を四年後に控えた平成十二年秋、日本の考古学界を激震させるニュースが駆け巡った。

それは、ゴッドハンドと呼ばれ、日本に前期旧石器時代があることを証明した藤村新一の見つけた石器、とくに前期旧石器が捏造と判明したことだった。発端は平成十二年十一月五日に毎日新聞が、藤村が地中に石を埋め込んで、あたかも発掘した石器のように掘り出した姿をスクープしたことから始まった。その後彼が関わった遺跡について検証が行われ、石器はすべて捏造と判断された。教科書に記載された前期旧石器時代の部分は削除された。だが問題は予想もしない方向に波及した。

翌年一月ある週刊誌が、四十年前に賀川が大分県聖嶽《ひじりだけ》洞窟（※6）で発掘した石器について捏造ともとれる記事を掲載した。三月、別府大学は大学としても検証し、記者会見を開き、石器は捏造でないことを発表した。週刊誌の記事自体も、捏造と決めつけるには実証性に乏しく、学者の意見を鵜呑みにしている感があった。だが世間は捏造という言葉に敏感に反応した。

同年三月九日、賀川はこの悪質な記事に対して死をもって抗議し、自らの潔白を主張するという悲劇を生んでしまった。

東北の旧石器捏造事件の飛び火としか言いようがなかった。

「いろいろ言って生き延びることはできますが、先生の海軍魂がそれを許されなかった」

清水は恩師の賀川の名誉回復の裁判に尽力し、最高裁判所で潔白が証明された。裁判には大分県を挙げて支援し、多くの教え子、友人、知人が賀川のために支援した。

清水は平成十六年に退職するまで、三十二年間、埋蔵文化財行政に従事した。その後、大分県考古学会会長を務め、現在は別府大学非常勤講師も務めている。

「考古学の魔力」と清水は言うが、彼の人生を見ていると、考古学には、一人の青年の人生を変えるほどの魅力があるのも事実である。

おどかしごっこ――赤司善彦

福岡県教育庁文化財保護課長の赤司善彦も、二転三転して考古学の道に進んだ人である。入学した久留米高校は、今でこそ進学校の一つだが、その頃は地域二番手のそれほど受験を意識しないのんびりした学校だった。

「僕らはおどかしっことういうのをやりましてね。受験勉強はしないで、昨日はデカルトを読んだ、神の存在証明についてなど、互いに新しい教養でおどかして、わかりもしない議論するんです。不思議な高校生活でした」

赤司は昭和三十二年に生まれている。高校に入学したのは昭和四十八年だが、当時は日教組と県教委の対立が激しい時代で、教師も日教組系が多かった。ただ、生徒の自治を重んじる学校だった。

「全共闘が終わって、これらを経験した人たちが教師として赴任してくるわけです。学校の行事のいくつかは生徒会で決めていました」

遠足や卒業式まで、すべて生徒会が決める。

教師も個性的な人が多く、世界史もフランス革命とロシア革命を教えなかった。そのような環境で赤司は現代詩に出会い吉本隆明を知り、フランス文学に興味を持つようになった。

彼は大学で外国語を専攻するが、入ったサークルの一つが「社会科学研究会」だった。差別から毛沢東主義まで幅広く現代社会の政治経済の課題を討論した。大学の学費値上げ反対集会などに積極的に参加し、大学新聞の一面に顔写真が掲載されたこともある。当然、大学側には睨まれ、応援団に囲まれて罵声を浴びせられたこともある。そんな大学には嫌気がさしもした。

さまざまな社会運動の集会にも顔を出してみたが、ひたすら敵をつくって糾弾する姿についていけなかったし、自分をそんな運動に積極的に勧誘する人がじつは不思議といなかった。

卒業するときに、とくに就職しようという気はなかった。祖父の「世の中どうなるわからんから、仕事はこれと思うものをゆっくり見つけたらいい」という言葉が頭にあった。祖父は寡黙な人だった。台湾から引き揚げてきて、戦争で子供を一人亡くし、戦後の農地解放ですべてを失ったという。人の勧めで大学の外国語の出版をする小さな会社に入るつもりで、そこでアルバイトをしてみたが、結局なじめず、福岡に戻った。

行政発掘の矛盾を抱えて

赤司はもともと考古学が好きだった。昭和四十七年、中学生の頃に、九州自動車道の建設に伴い、建設予定地にある遺跡の事前調査が行われた。久留米市の祇園山古墳（※7）から人骨が出たというのでニュースになった。友人たちと放課後連れ立って発掘を見に行った。

「衝撃的でした。竹林の中で石棺に横たわる人骨でした。目がすごくて。忘れられなかった」

この頃、考古学という学問があることを知った。

高校、大学と無縁ではあったが、福岡に戻り、知り合いの紹介で福岡市の発掘作業員アルバイト募集を知ったとき興味が甦ってしまった。そこには「考古学エレジー」を作った柳澤一男も職員でいた。山崎純男、島津義昭、橋口達也も現場にやって来た。そこで驚いたのは、彼らの教養の深さだった。

赤司にとって、柳澤、島津世代は孤高の存在だった。一般の常識とは距離を置いて遺跡の発掘と保存に立ち向かっていた印象があった。考古学にロマンに向かって突き進む感じがした。

「僕の中には全共闘世代の人たちに対する憧れがありました。自分たちの時代は閉塞感が漂っていましたから。あの人たちのそういうところに身を置きたいという気持ちもありました。とくに猛進する柳澤さんや山崎さんたちの先に見えている輝きに触れたかった」

彼らは現場でも宮澤賢治や吉本隆明の話を語った。赤司は柳澤やその後輩の浜石哲也から、文学や思想書の本をたくさん借りた。物事の本質を議論し合うことで、考古学の持っている今日的な問題にぶつかってしまう。行政発掘の在り方についても意見を闘わせた。

「考古学をやるということは一体どういうことなのか。自分の行う調査は開発のための事前調査である。掘った遺跡は、すぐに壊される運命にあるんだ。それでいいのか」

島津や柳澤らは学生時代、遺跡の保存活動に声を上げ、遺跡破壊という「記録保存」の調査に疑問を呈していたはずだった。だが彼らの今の仕事は、自分たちが反対していた、行政サイドの側に立った調査なのである。

「あそこにいる先輩たちから、常々聞いていました。発掘は遺跡の破壊であり、開発の先棒を担いでいる。だから僕らは緊急調査をやめていたと。ところが現在の姿は、それと矛盾するわけです。そのやり場のない気持ちを見たわけです」

赤司は語る。調査が済み、遺跡がブルドーザーで壊されてゆく。この跡地にビルが建つ。大きな破壊音を立てて遺跡が消えてゆく姿は、発掘した者としてやはり耐えがたかった。赤司は先輩たちの傍にいて思った。

「この人たちの先には希望とかあるのだろうか」

中にはその問題から避けてバランスをとっている人もいた。しかし多くの職員は悩みを抱え込んで、文化財行政の第一線で仕事をしている。そのやり場のない鬱屈が酒を飲むと表に出る。酔うと語調を強めて言った。

「遺跡は本来、考古学そのもののためにあるんだ。開発のために発掘はあるんじゃない。将来のために遺跡は残しておくべきなんだ」

赤司は福岡市や宗像市で約二年間非常勤の補助員をしたが、このとき柳澤から「考古学エレジー」を教わっている。酔えば一緒に歌った。そんな先輩たちに惹かれもした。

「まさしく全共闘世代にはぴったりの唄でした。あのセンチメンタルな暗さ。酒飲むのにちょうどよかったですね」

「考古学エレジー」は、社会人になって行政発掘に従事する者たちの悲哀すらもたっぷりと謳い上げた唄でもあった。遺跡に対するいとしさ、「記録保存」という口当たりのいい言葉を残して、いずれ地上から消えてゆく遺跡の運命を情感を込めて歌っているとも言えた。

　雪の山野に日は落ちて　月の光に照らされて　遺跡の白き清けきは　あの娘の面を偲ばせる

この歌詞だけ、主体が人ではなく遺跡である。作られたときの意図を超えて、開発のために調査後破壊される運命の遺跡の哀しみを歌っている。

一方で柳澤の論文は、この頃からも赤司の目から見ても鋭いものを書いていた。

赤司はそのうち明治大学で本格的に考古学を学ぼうと決意する。もっとも本人に言わせれば、「たまたま学ぼうと思っただけです。劇的に何かがあったというわけではない。まあ学資も二年アルバイトしてありましたからね」

赤司は明治大学の三年生に入学することになった。大学では杉原荘介など学史上の先生にも学んだが、大学がひしめき合う東京ならではの授業風景に面食らったこともある。杉原の授業は定員の倍ぐらいの人間で小教室がいっぱいだった。著名な先生なので他大学からも授業を聴きに来ていることを知った。

杉原の最初の授業で、「この中で、遠賀川という川を知っているものはいるか」という質問に、「福岡の遠賀川ですか?」と恐る恐る尋ねると、杉原は「もちろん」と頷かれ、川から出土した弥生土器を遠賀川式土器といい、稲作文化が広がった証拠としての重要性などを語られた。そこには最新の学問に触れているという高揚感があった。同時に東京の学生は大学の垣根を超えて授業を受けるなど、よく勉強するという印象を持った。

四年のとき、福岡市西区で鋤崎古墳(※8)が調査された。全長六二メートルの四世紀末の前方後円墳だが、後円部には横穴式石室があった。横穴式石室は朝鮮半島に起源があるが、鋤崎古墳の石室は扁平な石を積み上げたもので、日本列島でもっとも早く造られた石室だった。柳澤が調査担当者である。ちょうど夏休みで帰省しているとき、福岡市内の発掘に参加した。その折に、鋤崎古墳の調査にも声がかかった。そこには九州大学の宮井善朗(現・福岡市教育委員会)や京都大学の南秀夫(現・大阪文化財研究所)、石川悟司(現・石川県立埋蔵文化財センター)たちもいた。今ならガードマンがいて古墳を盗掘する者がいないか見張るが、当時はいなかったので、みんなで「寝ずの番」をしたときもある。朝から夜まで発掘調査をして、夜は古墳の横にテントを立てて古墳を見張った。ある意味二十四時間勤務だが、発掘も大きな成果を出していたので、苦にならなかった。夢中になった赤司は、夏休みが終わっても現場にいた。帰れる状況ではなかった。

大学で後期の授業は始まっているが考古学専攻の教授小林三郎に電話すると、

「一段落つくまで帰って来なくていいぞ。三日に一回は連絡するんだぞ」

と言ってくれた。赤司はひたすら鋤崎古墳の実測をした。調査が済んだとき、十月の中旬になっていた。彼はTシャツ一枚の姿で新幹線に乗って帰京したが、東京に戻ると肌寒く、コートを着ている人もおり、恥ずかしかった。

明治大学では考古学エレジーを研究室で歌うことはなかった。研究室を離れたサークルの「考古学研究会」でよく歌った。

「正直あれがそんなに有名な唄とは知らなかった。酔っぱらって裸で歌う唄だと思っていた。春歌と同じですよ」

というのが彼の認識である。

卒論は、石包丁を調べることにしたが、このとき明治大学教授の大塚初重は資料調査する予定の機関や教育委員会に渡すようにと、すべてに紹介状を書いてくれた。おかげでどこでも対応してもらい、多くの事例を知ることができた。

野球ができる奴、手を挙げろ！

卒業すると赤司は福岡県の文化財専門職の試験を受けることになった。その筆記試験の会場である。皆が、問題に向かって頭を捻っていると、文化課長の藤井功が試験会場にいきなり入ってきた。巨体をなびかせた豪傑ふうの姿で、彼は受験者に向かって言った。

「お前ら、この中で野球ができる奴はいるか」

皆、きょとんとして顔を見合わせると、藤井は言った。

「手を挙げろ」

赤司は小学校から野球をやっていたから、恐る恐る手を挙げた。藤井は、ニヤリと見て、

「よし手挙げたら通すからな」

そう言って出て行った。藤井は山形県出身。奈良国立文化財研究所の技官を経て、昭和四十三年に福岡県にやって来た。奈文研では高島忠平らと同じ「三十九年組」の一人である。大宰府政庁跡の調査に従事し、解明に尽力した。豪放磊落で九州人以上に九州人らしいと言われた人物だ（昭和六十年五十三歳の若さで急死）。

さて、手を挙げた成果があったのかどうかは最後まで聞けなかった。赤司は以後、福岡県教育委員会で勤務する。九州の考古学者は藤井に似て豪快だった。

十年ほどは、九州歴史資料館で特別史跡大宰府跡の調査研究に携わった。髙倉洋彰や橋口達也、森

田勉といった学生時代に先生と呼んでいた人たちと一緒に仕事することになった。豪快だが繊細な発掘をする先輩方に多くを学んだ。

先輩の某氏は、酒が好きなのはいいが、ツケが溜まり、冬のボーナスでスナックに借金を返していた。朝、空が白々となるまで飲む。このとき彼は、赤司にツケの返済方法を教えてくれた。当時ボーナスは銀行振り込みでなく、現金である。スナックに行くと、借金の半額を二つ折りにして封筒に入れる。封の厚みは、請求額と同じである。

「ママこれでいいか」

ママも忙しいから「いいわよ」と返事する。

そして、「お前も職員になったんだから借金する権利があるぞ」冗談ではなく、真顔でアドバイスしてくれた。帰りのタクシーの中で、「家に帰るとカミさんに怒られるやろうな。お前、家に泊まるか?」と弱気な一面も見せる。伝説の人も奥さんには弱いことを知った。

やはり脳裏を過るのが、柳澤、島津と出会った日々のことだ。

青春の日々、福岡市の発掘現場で十字架を背負っているように見えた姿が今も記憶から去らない。赤司も文化財行政の最前線に立つ。今でも「なぜ掘るのか」という根源的な問いが抜けない。そんな思いと直面することがかつてあった。

平成七年に県道久留米線・筑紫野線の改良工事が行われるのに先立ち、福岡県大刀洗町にある馬屋元遺跡が発掘された。この遺跡は東西一七五メートル、南北一七〇メートルの区画を二重の溝が取り囲んでいた。十棟以上の掘立柱建物が造られており、八世紀に造られた官衙跡だと推定された。この遺跡の西側には稲穀を収納した正倉院の建物（上野遺跡）が見つかった。

年末の仕事納めの日に、試掘のため県道の下の表土を剝いだら掘立柱建物の柱穴が次々に顔を出した。すぐに上司の橋口に連絡すると、「残すことを今から考えて調査するように」と返事があった。ちょうどこの地は県道の拡幅予定地であったが、古代の官衙をすべて調査して破壊する「記録保存」ではなく、そこに盛り土をして、県道を造るという方法を取った。これによって古代の官衙は残された。

他の自治体からは問い合わせもあった。

「道路建設の場合、恒久的な構築物だから事前に対象地の遺跡を発掘調査して記録保存するという考え方でやってきたのに、盛り土で残すのなら今後、道路は発掘調査しないでいいということになる」

赤司はこう答えた。

「国や自治体が道路を建設するとき、遺跡が建設によって掘られたり削られたりするようなら、事前にすべて発掘して記録保存すべきです。しかしそうでないときは、遺跡を残す努力をすべきでしょう。遺跡は何らかの形で現地保存できることが望ましいことです。地域の人たちが検証し、世代を超えて伝えられるといいですね」

さらにこれらの遺跡は下高橋官衙遺跡として平成十年に国指定史跡になった。道路が国指定になったのは初めてのケースだったが、道路を残すために確認調査に切り替えた。

「遺跡を残せるものなら残そうと思いました」

その思想に、若き日の柳澤や島津の影響を受けたことが見て取れる。

その後十五年ほどは、九州国立博物館の開設準備と平成十七年の開館後は、展示課長として国内外を飛び回る日々が続いた。そこでは奈良国立文化財研究所で高島や藤井と同期入所の三輪嘉六が準備室長そして館長であり、いつも一緒に仕事をする機会を得た。三輪は東京から福岡に赴任してきたとき赤司に、「藤井さんのお墓参りがしたい」と言った。そして事あるごとに「九州国立博物館がなぜ太宰府にできたのかというと、それは藤井さんがやった大宰府史跡の保存運動の一つの到達点だ」と三輪は講演で話した。遺跡の保存はいつか花を咲かせると言う。また文化財行政の第一世代は、友を思い人との繋がりを大切にするエレジー世代でもある。

ところで、似たケースはフランスでも聞かされた。赤司は文化庁の水中遺跡の調査研究で毎年海外の国々を訪ねている。フランスの水中考古研究所で所長から話を聞いた。その熱い語りはどこか藤井や島津たちを思わせる人だった。そこで知ったのは、フランスは調査にしても、明確に学術的な考古学のためにという目的がはっきりしていることだった。

「遺跡の調査は考古学という学問のためにやる（開発の記録保存のためにやらない）。だから遺跡はなるべく現状保存して、将来学術調査を行うために残すということです」

赤司はフランスのシンプルな論理に驚いた。日本では将来の考古学のために遺跡を保存すると言って、開発側が了解するはずがないからだ。「なぜ遺跡は残さなければならないのか」と今も彼は自問する日々が続いている。

考古学の狩人——吉留秀敏とその仲間たち

東海大学歴史学科教授の北條芳隆は「考古学エレジー」を歌うたびに思い出す人物がいる。元福岡市教育委員会の吉留秀敏である。北條は吉留から考古学エレジーを教わり、発掘現場で技術と遺跡に向き合う姿勢を教わった。

長野県出身の北條は伊那北高校の歴史研究部時代に、調査に来た國學院大學の学生から考古学エレジーを教わっている。彼は考古学に興味はなかったが、友人の千葉豊（京都大学文化財総合研究センター准教授）に誘われて部に入り、縄文時代の住居址などの調査を行うようになった。

学校近辺の台地は縄文時代の遺跡の宝庫だった。昭和五十二年、北條が高校二年生の夏休みに、上伊那郡箕輪町教育委員会が主催する発掘調査があった。この頃は圃場整備の最盛期でもあって発掘が目白押しだった。

このとき東京からも多くの考古学を専攻する学生がやって来たが、その中に國學院大學の赤羽義洋

（のち辰野町教育委員会）もやって来た。彼は北條たちに発掘の手ほどきをしてくれた。

関東と西日本の発掘調査の違いがあるのを知ったのもこのときだ。赤羽は國學院流の調査を教えてくれた。

「今から思えばということですが、移植ゴテですね。僕らは手スコと言うのですが、これで土を剥いでゆく。手スコでの感触を大事にする。ただし西日本の、とくに中国地方に行くと、ガリ、草削りになるのですが、これを引いて土を剥ぐ。土壌の違いもあって、関東ローム層は手スコで剥げるのですが、西日本の中国地方は花崗岩の風化土だから、手スコでは歯が立たないのです」

もう一つは國學院でやっている「エンピ投げ」である。

エンピ投げとは、エンピ（スコップ）で土を掘って、土を盛り場までエンピから投げることである。このとき土がばらけずに固まったまま飛ばすことができれば、名人芸となる。マスターすると、現場で一人前と認めてもらえる。國學院では一年生で鍛えられてマスターすると、赤羽は教えてくれた。

エレジーの作者の島津義昭も語る。

「どんな人間もね、エンピから土を投げると、ハレーすい星のようにばらけるわけです。ところが國學院の現場では円盤のようにぴゅーっと泥が固まって飛んでいく。それが僕らには一番価値のあることだったのですよ」

それには秘訣があると島津は言う。

「あれは訓練とコツでしょう。投げる瞬間にスポッと少しエンピを引くのですよ。言葉にするのは簡単だけど、体得するのは難しい。意識的に先輩たちに鍛えられて、そうせんといかんと教わった。そういうことに美意識を見出していたんだね」

北條は遺跡の測量に必要なレベルやトランシット（※9）などの精密機器を使えるようになったことで、

「遺跡の発掘には高度な機器を使いますね、建築家のような。完成された一つの調査方法があって、粛々と進められていくわけです。素人がただ掘ってというのと違って、本物の考古学とはこういうものかという驚きもあった」

と大人びた気分になった。縄文土器も出てきて、さらに興味は募った。

この調査のとき、北條たちは週末には現場にテントを張って寝泊まりで調査した。そのとき赤羽がこんな唄があるよと教えてくれたのが、考古学エレジーだった。「もの寂しい唄だな」と思ったが、自分が考古学の現場をやっていることを再確認させてくれる唄でもあった。田舎の人気のない場所だったから、夜中に大声で歌っても注意されることもなかった。

北條はここから考古学を本格的に志し、赤羽から岡山大学には著名な古墳の研究者の近藤義郎がいることを知らされた。彼は岡山大学に進学した。

行政発掘への懐疑

北條が岡山大学に入ったとき、大学では「考古学エレジー」は歌われていなかった。近藤自身がエレジーをそれほど好んでいなかったこともある。

「岡山大学のオリジナルを作るのならわかるが、関東から入ってきた唄を借り物みたいに広めるなという思いがあったんじゃないでしょうか。当時は明治や國學院はすごいパワーがありましたから、この乗りで調査をやることへの拒絶反応もあったように思います」

北條はその理由を推測する。

もう一つは行政発掘である。七〇年代の後半から八〇年代にかけて各地に埋蔵文化財センターが作られ、文化財保護行政が整ってゆく。岡山県にも東京で学んだ人たちが行政の人材として、やって来る。考古学エレジーも、この行政マンの全国への流れとともに広まっていた感があった。近藤はそれに対する警戒感もあったのかもしれない。

「工事の前に簡単に調査を済ませてしまえ、時間もないから全部発掘しなくてもよいだろう、いい物を取り出せばよい、予算を多くもらえる」

そのように行政発掘は陰で言われていた。近藤に限らず、多くの大学の教師が持った思いであった。

「近藤先生は私たちが行政の発掘をするのは御法度だったのですね。絶対にダメでした。もしこっそりやっていたのがわかったら、大学辞めろというくらいの厳しさでした」

発掘という形を取りながら破壊に加担している、という疑問は当然のように呈されていた。

「広大なエリアの遺跡をたった一人や二人の調査担当者の判断で、切り刻んでいいのか。もっと遺跡には可能性もあるはずだから、慎重に調査すべきだという意見はあったと思うのです。しかも広域の開発が目白押しになって、発掘にお金がつくようになった。掘る予定があるなしにかかわらず、学問的な課題があるなしにかかわらず、とにかく遺跡は掘れという状態でしょう。当時は担当者の差配ひとつで（満足な調査もできず）遺跡がつぶされもした」

近藤の世代にとっては、それは前人未到の状況でもあるし、新しい波が押し寄せてきたようなものだ。なんとかその方向をいいほうに持ってゆけないだろうか、良心的であればあるほど研究者は戸惑っていたのが真実である（註：岡山大学出身の田中裕介（別府大学教授）も、北條が語ったように、近藤は「学生には行政発掘は勧めない。就職も行政発掘の公務員になるくらいなら教員になって考古学をやりなさい」と常々言っていた。その一方で学生が帰省してこっそり行政発掘に行くのは黙認していたふしもあったらしい）。

北條は言う。

「だからその時期のいけいけドンドンの調査のイメージに、エレジーの広がりが重なって映ったのではないでしょうか。なんとなく嫌な気持ちを持たれていたと思うのですね」

行政発掘にも長所はある。発掘の増加で各大学にも考古学専攻が作られ、専門的な知識、発掘技術を持った人たちが増えた。自らの学びを社会で生かす場が増えた。平成になると、発掘調査はさらに一定の水準でシステマティックに行われる。これは進歩である。

しかし役所の機構の中で、限られた時間と計画で調査を行うことで、その枠から出てこそ見出せる知見、成果がなくなってしまったと言える。

「調査担当者の興味、関心に沿って、ここはこうしようと緩急をつけたり、ここは詳しく知りたいから新しい方法を導入してみるか、そんな担当者の裁量がしづらくなってきた。調査は一定の水準で行いますから、それ以上は求められないということです」

遺跡の調査から、こんな方法でやってみれば新しいものが見つかるかもしれないという期待感から遠ざかってしまった、とも言えるだろう。そこにあるのは予定どおりにひたすら掘るという現実だけだ。

そんな時代に北條は岡山大学にいた。

吉留からの影響

北條が一年生のとき、別府大学から研究生として吉留秀敏がやって来た。昭和五十四年のことである。この頃のことは、北條の一学年上の田中裕介が詳しい。田中は大分県教育庁埋蔵文化財センター職員を経て、奇しくも吉留の母校である別府大学の史学・文化財学科の教授の職にある。

田中は言う。

「ちょうど私が一年生の春休みのときでした。岡山大学では倉敷市にある楯築《たてつき》墳丘墓を発掘していました。そこへ〝今度四月から研究生になる吉留です〟と姿を見せられたのです。本当は四月からになるのですが、調査があったので、近藤先生が呼ばれたみたいです」

楯築墳丘墓は弥生時代後期の墳墓で、前方後円墳の祖形になると推定される遺跡だった。二月から調査を始めていたが、入学式が近づいても終わらなかった。結局五月中旬まで行い、一年生も調査に駆り出された。その間、近藤の講義は休講だった。新入生の中に入学間もない北條の姿もあった。

当時岡山大学に考古学専攻の大学院はなく、専攻科があっただけだった。春休み期間であれば、主力になる四年生もいない。大学院生もいないから、三年生、二年生が主体になる。その中で発掘経験豊富な吉留がいることは大きな力になった。

「三月の段階では、僕は一年生の後半でしたから、吉留さんすごいなと思っても、具体的にどうこうと実感できなかったのですが、二、三年生は強い影響を受けました」

すぐに現場では吉留を中心に調査をするようになったが、田中が記憶に残っているのは土層の観察だった。

「ここを見ればいいだろ。こう考えてみたらいいでしょ」

と自分でやってみせた。また層を見てもどうしてもわからない箇所がある。

「わからないならわからないで、後で結論を出すときに見ればいい。今、わからんという段階の自分なりのものを作っておけばいい」

吉留の土層の観察は細かく繊細だった。体は細いがエネルギッシュだった。

吉留は高校時代に、鹿児島県出水高校郷土史研究会の顧問である池水寛治の指導を受けていた。すでに発掘経験もあり、旧石器時代を専門としていた。

楯築墳丘墓の調査では、学生は麓にあるお寺に泊まっていたが、近藤は自宅から通っていたので、宿にはいなかった。お寺での宴会のとき、吉留は皆に「考古学エレジー」を歌って聞かせた。これが岡山大学に考古学エレジーが伝わった最初である。

北條も高校時代に赤羽義洋から習ったエレジーと別に、吉留から八番まである歌詞を教わった。北條は言う。

「それまでは岡山大学ではエレジーは歌っていなかったですね。ようやく僕らの大学にも考古学の唄がやって来た、という思いがしました」

北條は宴会のたびに、「あれをまた歌ってよ」と何度も言うと、吉留は情感を込めてエレジーを歌ってくれた。

近藤のいる飲み会の席でもエレジーは歌われたが、コンパの席だから黙っていた。

入学した夏休み、北條は吉留の紹介で福岡県春日市の須玖岡本四丁目遺跡の調査に参加した。行政発掘だからもちろん近藤には内緒である。

北條はそこのプレハブで寝泊まりしながら調査を続けた。北條の現場の経験は九州で積み上げられたものも多く、その後も吉留に連れられて何度も九州の現場を経験した。二十四時間現場にいて、プレハブで寝泊まりした。

「考古学をどのように捉えたら面白いのか、発掘現場でいかにあるべきかを身をもって教えてくださったのが吉留さんでした」

吉留は遺跡を前にすると目の輝きが違った。その魅力に一年生の北條はたちまち虜になり、いつも吉留の後ろをついてゆくようになった。北條の現場経験は九州での調査が土台になっている。

吉留は岡山大学に一年余りいて、大分に戻り、大分県の嘱託として埋蔵文化財の仕事に関わった。このとき田中裕介は、大分で吉留と再会している。田中も大分出身で、夏休みには吉留の許に行っていた。

田中が彼のアパートを訪ねたときである。このとき吉留は二十代半ばになっていたが、部屋は全国から集めた考古学の雑誌でいっぱいだった。『駿台史学』や旧石器時代の専門雑誌、東北で刊行されている冊子もあった。

「これだけ集めるとお金も大変でしょう」

田中が聞くと、吉留は呟いた。

「大分にいても、大学や図書館に行っても雑誌がないのだよ。他の地域のものは自分で買うしかないからね。俺は旧石器を見るのが一番好きなんだ」

車が好きで、スピード狂であるが、勘がいいので急ブレーキをかけても静かに止まる。二時間の道のりを一時間で行くが、

「速すぎて助手席には乗れませんでしたねえ」

と田中は苦笑する。

その後、吉留は岡山大学埋蔵文化財調査室の初代助手を経て、福岡市教育委員会に就職する。福岡市は福岡県とともに文化庁よりも早く文化財保護行政に本格的に取り組んだという自負もあり、猛者揃いだった。

「俺たちは自分たちが作った文化財保護のルールを文化庁を通して全国に広めた」

という気概があった。その猛者たちからも吉留は一目おかれ、福岡市の文化財行政の骨になる部分を引き継いだ。

現場で調査をして報告書にまとめ上げる能力の高さ、図面、断面図の記載の細かさ、正確さ、観察力はとても優れていた。関心の領域も旧石器時代から縄文、弥生、古墳、歴史時代と多岐に及んだ。

だがパワフルな彼に突然病魔が襲い、平成二十五年三月に五十七歳で亡くなった。まったく信じられないような若さでの死だった。

平成二十七年の三月の話である。田中は、ある委員会に出席するとき、別府市春木にある実相寺古墳群を調べることになった。この古墳は六世紀後半から七世紀初頭にかけての円墳や方墳が集まっている。その一つ方墳の鷹塚《たかのつか》古墳は、県内最大の横穴式石室を持っている。三十年前に国の指定史跡にしようという動きがあった。資料不足で残念ながら指定にはならなかったが、現在は県の指定史跡になっている。

市は別府大学に古墳の実測図作製を依頼した。田中が関連する資料を探しているときだった。考古学研究室から吉留が三年生のときに作成した古墳の実測図が三十年ぶりに姿を現した。田中は驚いた。そこには別府大学三年の吉留の名前が記載されていた。

「これを皆で見てすごいなと思いました。専門で何十年もやった人と全然遜色ない。吉留さんらしい、細かい注記がいっぱいありました。国指定にしたい古墳の測量です。きっと賀川光夫先生が見込んでやらせたのでしょうね」

吉留は、田中と現場に一緒にいたとき、なぜこのような図面になるか、なぜこう考えたか、結果を出す前にその過程を説明してくれた。ここを見ればわかると、断面も指差してくれた。

「細かく注記をすることは、考古学のスタイルとして、よく遺跡や図面が読めているんですよ。観察してわかるから、注記にいっぱい書くのですね。吉留さんは最終的には旧石器をやりたかったみたいですよ。自分が最初に踏み込んだ分野でしたからね」

田中は追憶した。

晩年の吉留に教わったのが福岡県筑紫野市教育委員会で文化財を担当する小鹿野《おがの》亮である。彼は別府大学出身で、吉留の後輩である。昭和四十五年生まれで、平成五年に大学を卒業しているから、吉留ははるかなる先輩である。小鹿野は卒業してからも同じ県内で仕事をしていたため、ときおり顔を合わせていたが、

「カミソリのように鋭く、何を質問されるかわからないから会話ができなかった」

と語る。遺跡を見ているときもそうだった。目線が時代や地域を超えてもっと深い部分を見ているようでもあった。

そして、古代交通研究の一環として大陸の古代の道はどうなっているのか調べようと、他の考古学や歴史学、地理学の先生ら十名ほどで小鹿野は中国へ渡った。始皇帝の造った直道を踏査するためである。このとき吉留もいた。

平成二十一年は陝西省の西安から延安あたりを歩いた。二十二年は内蒙古自治区から西安まで歩いた。内蒙古では道を探して、砂漠を歩いたが見つからないときもあった。このとき吉留は突然思考がまとまると、一気に目的地に走って道を見つけ「あったぞ」と声を上げた。あるいは藪をかき分けて中国側が調査したトレンチの跡も見つけた。

「遺跡が匂ってくるのでしょうか。あの辺はあやしいと、遺跡を追う嗅覚がありました」

このとき吉留は元気で、病気の気配は感じられなかった。

帰国して、山口県で学会があったとき、吉留は「腰が痛くてな」と小鹿野に呟いた。平成二十四年にJR二日市駅の周辺の堀池遺跡で平安時代の官人の墳墓群が見つかった。完全な形の越州窯系青磁の唾壷が出土したりして、マスコミを賑わせた遺跡である。このとき吉留は遺跡の説明会に来てくれたが、これが彼を見た最後になった。

小鹿野は、別府大学一年生で考古学エレジーを知った。先輩たちが歌ったのを聞いた。

「メロディーに違和感はなかったですが、歌詞は古い時代を感じました。僕の二期下までは歌っていたようですが、今はどうでしょうか。今の若い人たちと感覚的なずれがあるようにも思いますから、唄の意味はわかりにくいと思います」

だが小鹿野は思う。歌詞は古いが、在りし日の吉留の姿を思い出す。考古学エレジーの唄そのものと重なるイメージがして仕方がない。追憶を超えた唄の力と、吉留のエネルギッシュな姿がリンクするのである。

吉留の訃報を聞き、北條は鹿児島にある実家に駆けつけた。亡骸に何度も声をかけて、知らずのうちに感極まってしまう自分に気づいた。そのときの心境をブログに綴っている。

〈もう少しだけでも時間が与えられていれば、吉留さんのことですから、もっと活躍できたはずです。いろいろと手がけられていましたから、それを半ばにして終えてしまうことは、さぞ無念だったのではないかと推測してしまいます〉（「私的な考古学――丹沢山麓で考古学を学ぶ学生諸君との対話」二〇一三年三月十日付）

北條は八〇年代に主に学生時代を送った。「考古学エレジー」を本格的に歌った最後の世代である。「よくプレハブで寝泊まりしましたね。実測もやったり、土器の接合もしました。その場で図面を破られたこともあります。あの時代は非常に職人的な部分のハードルの高いときでした。あれもできなければ、これもできなければならないと、そうでなければ考古学をやる資格がないと言われた時代でした」

それはタフガイでなければ考古学は務まらないということを意味した。そのような状況で考古学エレジーは歌われていた。

平成九年から十四年まで北條は徳島大学埋蔵文化財調査室に勤めた。このとき集中講義にエレジーの創作者の一人である島津義昭が講師でやって来た。講義の最後の日、学生との宴会で北條は島津が作者であることを紹介し、学生とともに考古学エレジーを歌った。初めて聞く学生が多かったが「いい唄ですね」と言ってくれた。

現在、東海大学でエレジーを学生たちが歌うことはない。だが、北條はエレジーの内容が当たり前だった事実を伝えたくて、六年前から卒業式の謝恩会では謝辞の代わりに歌う。学生の反応はどうかと聞くと「また先生が歌っている、という感じかな」と苦笑した。

北條にとって考古学エレジーは吉留の人生に重なる部分があるのだろう。エレジーを歌い続ける彼の姿に、どこか吉留の面影を追っているという思いがする。

四国でも徳島を中心に、今も若い世代が考古学エレジーを歌っているだろうか。

※1　**深堀遺跡**＝長崎市深堀町にある。弥生時代の箱式石棺と甕棺があり、人骨が多数出土。
※2　**福井洞穴**＝佐世保市吉井町の旧石器時代終末期から縄文時代草創期の遺跡。国の史跡。
※3　**富江貝塚**＝五島市富江町にある縄文時代前期から後期までの貝塚。
※4　**脇岬貝塚**＝長崎市脇岬町にあり、人骨十六体が発見された。
※5　**早水台遺跡**＝大分県速見郡日出町にある旧石器時代から縄文時代早期にかけての遺跡
※6　**聖嶽洞窟**＝大分県佐伯市にある鍾乳洞の洞穴遺跡で、旧石器時代の人骨、石器を出土。
※7　**祇園山古墳**＝福岡県久留米市御井町高良山にある方墳。箱式石棺がある。
※8　**鋤崎古墳**＝福岡県福岡市西区にある五世紀初頭の全長六二メートルの前方後円墳。
※9　**トランシット**＝角度を計測する測量機器。遺跡の実測図を作成するときに使う。

第七章

高校考古学部は活躍する

華厳の丘に夢をおき
シュリーマンの後を追う
我ら学徒の行く手には
エンピとともに光あれ

写真：昭和50年代、熊本・阿蘇郡西原村での調査風景。右が写真を提供してくれた下村智

高度経済成長期には、各地で高校考古学部が盛んに活動していた。高校生が開発で壊される直前の遺跡の発掘をしていた。彼らの活躍を描いてみたい。

遺跡を守った影武者

昭和三十年代前半、遺跡は開発の波に巻き込まれた。文化財行政は確立していなかったので、高校生が遺跡を守る砦であった。熊本県では玉名高校、山鹿高校、宇土高校が昭和二十年代に作られたが、遺跡の保護という役割も担っていった。

もっとも早かったのが玉名高校郷土研究部で昭和二十三年の創部である。顧問は田邊哲夫で、県教育庁文化課長、玉名高校、熊本高校の校長を歴任した。その後、同二十四年に山鹿高校（現・鹿本高校）に考古学部ができ、原口長之、隈昭志が顧問を務め、弁慶が穴古墳など装飾古墳を発見している。私の母校である宇土高校も創部ははっきりしないが、昭和二十六年十一月に部で『ともしび』という冊子を刊行したという記録が残っており、二十八年には弥生中期の境目甕棺を調査した。ここらが活動の嚆矢となる。

宇土校の代表的な顧問は早稲田大学で東洋史を学んだ富樫卯三郎（のち肥後考古学会会長）で、私の考古学の恩師である。

この時代はまだ行政に文化財担当もおらず、高度経済成長に向かう時代に、彼らが遺跡を見つけ、調査し、部報に報告した。

昭和四十年代後半に文化財行政が徐々に整備されると、高校生の出番は減ったが、戦後の一時期、確実にミカン園造成や土木開発から遺跡を守ったのは高校考古学部であった。

高校考古学部と一口に言っても、考古学部と名乗るところもあれば、郷土研究部、歴史部や地歴部などと言う部もある。ただやっていることは、考古学の活動が中心なので、本書では「高校考古学部」と表記する。

一体、全国に考古学部はどれほどあったのか。昭和三十年に刊行された『日本考古学講座2』（河出書房）によれば、七十数校あったという。

部の多くは、行政の整備によって活躍の場を失い、昭和四十年代後半から衰退した。今の行政レベル、学問レベルから見れば、その知識、調査方法、報告の内容は稚拙であったが、彼らの熱気は、時代が変わろうと学問を志す原点である。

正規の仕事を辞めて、考古学の道へ――別府大学教授・下村智

私の実家近くにある熊本県八代市鏡町には有佐貝塚という遺跡がある。ＪＲ鹿児島本線に沿った八代平野の真ん中にあり、縄文時代の中期から後期にかけての貝塚だが、貝塚を利用した前方後円墳でもある。埴輪を見つけ、遺跡が複合していることを突き止めたのは宇土高校生だった。彼が別府大学

史学・文化財学科教授を務める下村智である。昭和四十年代の半ば頃であった。

下村は十歳以上も違う大先輩である。だが、彼の活躍は私も入部すると先輩たちから知らされた。一度社会に出ながらも、考古学への道が捨てがたく、大学に入って考古学を学び、大学院を経て、そこから嘱託を務めながらも研究への情熱を失わなかった人である。

そんな学究一筋に生きる下村に、高校の部で学んだ意義を聞いてみたかった。

さっそくメールで問い合わせると、すぐに返信が返ってきた。

＜現在、私が大学で考古学を担当しているのも宇土高校の社会部で地域の考古学調査に参加し、考古学に目覚めたのが発端であります。多感な高校時代を富樫先生を中心として活動したことが人生を決める結果となりました。お話ししたいことはたくさんあります＞

平成二十六年十二月、別府大で十数年ぶりに見る下村は、すでに六十歳を過ぎ白髪も増えたが、端正な顔立ちと澄み切ったような目の輝きは変わっていなかった。史学・文化財学科の教授とともに学長補佐の任にもあり、多忙な日々を送っている。疲れた表情のままソファーに座って、上を向き、有佐貝塚での発見を思い出そうとしていた。

「あれは二年生のときでしたね。近くの大野窟古墳を見たついでに、足を伸ばそうと有佐貝塚まで足を運んだのですよ」

昭和四十五年十一月二十三日だった。休日を利用して、下村は部員の外村悦雄とともにバイクに乗って遺跡見学をしていた。宇土高校は熊本県のほぼ真ん中にあり、大野窟古墳や有佐貝塚は三〇キロ近く南に行った地域になる。

この一帯は氷川という川が流れ、この流域は火の国造である火の君が本拠を構えたと言われている。そのため丘陵には熊本県でも最大級の古墳が集まっており、野津古墳群という四基の大型前方後円墳がある。近くにある大野窟古墳も奈良県明日香村の石舞台古墳を彷彿とさせる巨石の横穴式石室である。

下村たちは、これらの古墳を見学した後、時間が余ったので、三キロ南にある有佐貝塚まで足を伸ばした。すでに夕刻になっていた。有佐貝塚は縄文時代中期から後期にかけての貝塚で、平野部にあるが、こんもりと丘陵のように盛り上がっていた。地元では「大塚」とも呼んでいた。貝塚にしては奇妙な形をしていた。

このとき有佐貝塚の付近は圃場整備が行われており、排水溝を深く掘っていた。貝塚の断面も削っていた。この日は、祝日で工事はやっていなかった。縄文時代の人骨も見つかったが、円筒埴輪の破片も数個見つかった。

「円筒埴輪は高校の展示室で見て知っていました。でもなぜ貝塚にあるのかわからない。しかも複数あるのだから、なぜ？　という思いでした。とにかく初めてのことばかりでね」

すぐさま元顧問の富樫卯三郎に連絡して、翌日社会部で緊急調査が行われた。富樫は定年で高校を辞めていたが、部には深く関わり、指導を行っていた。

富樫が高校生を指導して、宇土半島の古式の前方後円墳を次々と発見、発掘し、熊本県の古代史を塗りかえてゆく。その富樫の手になり足となったのが、宇土高校社会部だった。この頃は遺跡の緊急調査のときは学校は公欠にしてくれた。

「古墳だろうかと思ってあたりをぐるぐる回っていたんですね。で地元の人に〝あそこは何て言うのですか〟と聞いたら、〝大塚たい〟と。これは古墳だと思った。合点がいったわけです。円筒埴輪は等間隔で立っていたのでしょうね」

貝塚の上を歩けば、安山岩の割石が転々と落ちていた。そこには色が赤く塗られていた。同時に地面には大小の自然石も見られ、それは古墳の葺石だろうと思われた。その後、十二月になって部で平板測量も行った。朝四時に起きて汽車に乗って現場に行く。まだ一寸先も見えない暗い中を懐中電灯を照らしながらの作業だった。しかも冬の風は寒い。服を何枚も着込んでの調査で、ときに雨が彼らを悩ませた。

その中で、測量は行われ、前方後円墳だとわかった。

この古墳は、「有佐大塚古墳」と名づけられた。地形図や出土遺物の実測図が、宇土高校社会部の部報『古城』第3号（昭和四十六年三月十日刊）に載せられている。下村は部報に書いている。

宇土高校社会部を指導した富樫卯三郎先生（写真提供＝下村智）

＜人骨を発見した際に、もう一つ人骨の上の自然石まじりの層の中に、謎の土器がはいっていることに気がついた。そしてそれが一か所ではなく、数か所に検出された。そしてその中に、一か所環状をしたのが露出していた。どうも円筒埴輪らしい。……どうして貝塚に埴輪が出るのだろうか。その問題はやがて解決された。というのは、貝塚の上の丘は、実は古墳だったのである。そして黒褐色土の中の自然石は、その古墳の葺石であろうことが想像された。自然石の大きさは、大きいもので数十センチ、小さいものは数センチぐらいであった。でも貝塚の上に、古墳があり得るのであろうか。このことはまた一つ、考古学に対する課題が増えたことになる＞

有佐貝塚は丘陵自体が墓地になっており、土地も改良されているから石室はわからなかった。ただ貝塚を古墳に使う例は当時では珍しかった。

有佐貝塚は、有佐大塚古墳とも呼ばれるが、この圃場整備は文化財保護法に照らし合わせれば、事前の調査を必要とする。高校生の下村もこの点に気づいており、

「ここは工事をするのですから、遺跡の中であることはわかっているわけです。調査をしないといけなかったのですがね」

じつは下村はこの年の夏にも、この場所に来ていた。このときも水

田の基盤整備のため、ブルドーザーで貝塚周辺が掘り起こされて、多くの貝が散乱していた。

高校生の彼は部報で指摘する。

∧有佐貝塚は、昨年の夏、基盤整備の為、大幅に破壊された。しかし、この工事をやった人々は知らないでやったのかもしれないので、とやかく書こうとは思わない。しかし、県下でもめずらしい大貝塚を、あんなに破壊されたことは、真におしい。それで、もうこれ以上破壊されないことを願う。∨

遺跡や遺物の実測の方法は、先輩たちから代々後輩に伝えられた。彼らは八代市教育委員会から依頼され、八代地方の古墳の測量も行ったこともある。このときは古墳の傍にトレンチも入れ、調査も行った。

「今見るととても使えるような図ではないのですよ。でも当時は一生懸命だった。ただ写真だけは富樫先生が撮られていました。当時の学問レベルは、先輩たちから聞いて、今はこういう研究が進んでいると教わりました」

これらの成果は部報に載せられ、調査報告書の役割を果たした。


この頃の文化財行政はどういう取り組みをしていたのか。九州で取り組みが早かったのは福岡県、福岡市で、昭和四十年代に文化財専門職を専任で雇用していた。熊本は九州自動車道が県を縦断するということで、ルートの確認をしながら、遺跡の分布調査を行ったのが嚆矢であった。もともとは教育委員会に嘱託職員がいたが、遺跡の調査をするため、専任職員を本格的に入れるようになった。

しかし郡部の町村まで行けば、町に文化財保護委員がいる程度で、それは一般の人であるから、それほど詳しいわけではない。遺跡保護への対応は十分ではなかった。

そのため宇土市周辺で石棺が出たとか、土器が見つかったという一般市民からの知らせは、高校に電話があった。そのとき富樫や同じく顧問であった卯野木盈二が対応し、緊急を要するものは、すぐに部員に伝えて調査に出かけた。

「今日は昼から公欠にして行きましょう」

部員たちは自転車に乗って通報の場所に駆けつけた。この頃の考古学への思いを下村はこう綴っている。

〈考古学は、いわば人間の歴史である。その歴史を究明するには、それ相当の知識がいる。そしてそれを考え続けるねばりが必要になってくる〉（『古城　第3号』）

考える力とねばり、この二つの行為は、その後の彼の人生を支えてゆく。

高校生が行った「遺跡パトロール」

この当時の宇土高校の部活動を見てみると、「遺跡パトロール」に力を入れていることがわかる。今のように工事を行うときは、そこに遺跡がある、ないという事前チェックが行政ではなされていなかった。そのため工事の最中に遺跡があれば、すぐに高校生たちが行政に伝えて、工事を中断してもらって調査を行った。

宇土半島も開発による遺跡破壊とは無縁ではなかった。この半島の基部には古墳時代前期の前方後円墳が見つかっているが、その多くがミカン園造成のために見つかった。昭和四十年八月には弁天山古墳（宇城市不知火町※1）が調査され、後円部から割竹形木棺（※2）を持つ竪穴式石室（※3）が見つかった。九月にはスリバチ山古墳（※4）が見つかり、実測調査された。翌四十一年一月には、迫の上古墳（※5）が調査され、四月には城ノ越古墳（※6）が発見された。

富樫の指揮のもとに高校生たちが調査し、この地域が火の国の中心地ではないかと言われるようになった。

開発が盛んな昭和三十九年頃は、社会部の部員は百五十名を超えていたという。精力的に活動していたのは三十名程度であったが、この部員数の多さは、この時代に遺跡調査、遺跡保護にいかに高校生を必要としていたことを物語る。

宇土高校社会部ＯＢで元・八代高等専門学校教授（考古学）の佐藤伸二は、当時の高校生の心情を赤裸々に述べる。

〈大規模な開発で破壊される遺跡の調査が、高校生のクラブ活動で処理できるものではないことは解っていた。又、高校生のクラブ活動の範囲を逸脱したものであることも承知していた。しかし、高校のクラブ以外に遺跡破壊の嵐に立ち向かえるものは、当時の県下には何もなかった。
いつはてるとも知れない開発の嵐の中で、遺跡破壊と戦うための武器は何一つ持っていなかった。私達はただ必死だった。燃えるような若い情熱だけがあった。心の奥から、うめき声をあげて、つき上げて来る熱い炎があった＞（「私と考古学との出会い（二）」『とどろき』第三・四合併号・昭和五十三年十月三十日）

昭和四十四年、下村が入学したときの宇土高校は、多くの調査を手がけているが、やはりほとんどが破壊直前の緊急発掘だった。

部報『古城』第3号に書かれた外村悦雄の「文化財保護に思う」という一文は、高校生らしいピュアな思いで、壊れゆく遺跡に対して問題提起を行っている。

外村は、昨日まで存在していた古墳が一晩明けてみると何もなかったということも知らされた。彼は言う。

＜文化財保護法も絶対に効果的とは言えないのではないか＞

＜ほんとうにひどい話である。もしこのような現場に会ったら、やはり保存を意識しても注意や停止させる勇気をもってもらいたい。以上のことは業者達が自分達の利益のためばかりをはかるからである。法律を破っても少々のお金ですむし、業者達には、大利益の為には、なんともないことである＞

まさしく正鵠を射る一文である。部員たちは単なる現状の批判にとどまらず、では自分たちに何ができるのか行動に移した。

宇土市のある古墳は公園内にあったためか、石棺がゴミ捨て場になっていた。これを知った彼らは清掃した。やはり一般の人たちに古墳とわかるように表示し、古墳の重要性を知らせることが必要だと部報で述べている。

〈私達はクラブ会議などで話し合った結果、いろゝと意見が出て、週に一度必ず身近の遺跡をパトロールするというように決まり、クラブ員もこの事に関して熱があり、さっそく実行に移している〉

遺跡パトロールは、工事で破壊される遺跡が出てこないように、つねに遺跡の状況を見て、工事の際はいち早く発見し、破壊を止めるという役割があった。

昭和四十年代半ばからパトロールは始められたが、部員たちは地区を決めて一か月に二度遺跡を回り(一週間に一度から変更)、その報告を作るというものだった。一回におよそ二十の遺跡を回った。遺跡の状態を見ると、石が投げ込まれていたり、埋葬施設を残して古墳の墳丘が削られていたり、草が茫々と茂っているときもある。ひどいときは部員たちは現地から学校へ緊急連絡することもでてきた。そのパトロールが大きな役目を果たすことに繋がった。

下村は考古学少年だった。小学校六年生のとき家の近くの台地を表面採集し、拾った土器を家の入り口に並べて置く子供だった。昭和四十四年、宇土高校に入学したとき、社会部の顧問は文献史学の研究者で知られる卯野木盈二だったが、考古学にも造詣が深かった。

入部してすぐに宇土市内の西岡台貝塚（※7）が土取り工事で発見され、発掘調査を経験する。

「最初から発掘に携われてラッキーでしたね」

下村は回顧する。実測の方法も覚え、やがて宇土市松山町にある向野田古墳の測量に向かう。全長八〇メートルを超える前方後円墳である。山つつじの花が咲いていたから五月か六月の梅雨の前ではなかったか、と彼は記憶する。この古墳は後に大きな衝撃を考古学界に与えることになるが、この周辺は鹿児島本線の複線化のためにブルドーザーによる採土作業が行われていた。採土工事は古墳そのものにも迫っていた。その中で、部員たちは測量作業を行っていた。墳丘自体は実測されていたが、墳丘の下の部分にまで広げて測量をし、古墳の全体像を把握するのが目的だった。

まだ一年生の下村は、古墳の詳しい事情を知らなかったが、そのときめきを覚えている。

「後円部のところに葺石や埴輪が挟まっていたりしてすごい古墳があるのだと思った。漆の木がたくさんあったから、漆負けしながらで大変だったですね」

顔は手拭いで巻いていたが、腕はかぶれてしまった。

実測が終わると、墳丘を試掘した。そこで粘土被覆も出て、竪穴式石室であることもわかった。きれいな白い粘土だったが、これが石棺の蓋を覆っていたのである。

このとき高校生たちと一緒に調査していたのが、社会部OBで熊本商科大学（現・熊本学園大学）の文化財研究会に所属していた高木恭二だった。彼は後に宇土市教育委員会に勤務し、畿内に熊本産の石棺が運ばれたことを証明する「石棺輸送論」（『九州考古学』第五十八号）など、石棺の研究で知られることになる。下村は感動のあまり高木に話しかけた。

「これは自然の山と思っていたけど、そうじゃないんですね」

すでにブルドーザーも古墳に迫っていたが、古墳の存亡が叫ばれるときだった。

調査には、宇土高校のOBである敷島安人（当時熊本商科大学生）、平山修一（当時熊本短期大学生）らも姿を見せ、富樫のもとに精力的に進めていた。この段階で盗掘を受けていない古墳だとわかり、にわかに古墳の重要性と保存運動の問題がクローズアップされていた。

後にこの古墳は「戦後最大の発掘」と呼ばれるようになるが、向野田古墳を取り巻く当時の状況を述べることで、当時の文化財の置かれた危機的立場も明らかになる。

発端は高校生の発見だった

この古墳を発見したのも宇土高校社会部の生徒だった。昭和四十一年に、高校二年生の平山修一と一年生の高木恭二が、丘陵の上で少し盛り上がっている姿を見て古墳ではないかと思ったのである。

だが雑木林に覆われて、部員たちは上ることを断念せざるを得なかった。

翌四十二年夏、この地にブルドーザーが入って採土を始めた。竹藪が刈り取られ、山も削られたが、伐採されたため、古墳の形がはっきりわかった。前方後円墳だった。

高木の家は古墳の麓にあったので、工事の進捗がよくわかったのである。顧問の富樫卯三郎に連絡すると、富樫は部員とともにやって来た。前方部の先端に葺石に混じって、円筒埴輪（古墳が崩れないように周囲に立てた筒型の埴輪）らしき土器片が見つかった。

この間、高木はブルドーザーが動く中を、自分で竹を切ってものさし代わりにして、折り返しながら古墳の全長を測った。八〇メートル（後八六メートルと判明）ほどあった。この大きさは熊本県でもトップクラスである。だがブルドーザーは工事をやめず、古墳にも侵入し、前方部を削り始めた。このままでは満足な調査もなされずに消滅するのは明らかだった。

数日後、前方部が半分に削られた。工事を行う会社は、市民に気づかれないようにするためか、丘陵に隠れた裏側から密かに削っていた。

翌年（四十三年）の元旦だった。高木から古墳の存亡の危機を伝えられた富樫が血相を変えてやって来た。幸い正月は工事は休みである。このときのちの「宇土文化の会」のメンバーとなる西原昭明、枝森久一の他に社会部員の平山と高木もいた。富樫は言った。

「これから古墳の中を確かめる」

すぐに皆で古墳に上った。前方部は一部しか残っていなかったが、葺石や埴輪破片が見られた。後円部は残っていたが、墳頂には竪穴式石室の上部が土に混ざって見えていたと高木は回想する。

富樫は古墳の上でしゃがみながら呟いた。

「こら、ひょっとするとそのまま残っているかもしれん。これはおおごとだ！」

そのままというのは、石室が盗掘を受けていないという意味だ。

すぐに一月九日から十一日まで、破壊の手が伸びた前方部の緊急調査を行った。文化財を守るため「宇土文化の会」が結成された。二月三、四日は後円部の調査。宇土市文化財専門委員会で墳丘採土の中止を申し合わせたが、なおも工事は続けられた。四月末の段階で、前方部は西側を残して破壊され、後円部の近くまで工事が迫った。五月の上旬に再び前方部の調査が行われた。

熊本県の他の高校考古学部の生徒たちも調査に訪れ、協力してくれた。九州学院高校、第二高校、松橋高校などの考古学部だった。

四十四年の五月三十日には二台のブルドーザーは前方部を削る作業を進めていた。工事は加速度を増している。緊急調査が望まれた。このとき宇土高校社会部や部のＯＢは古墳に常駐して工事を見守った。後円部まで工事が行く気配が濃厚だったからである。部員たちは古墳の上にテントを張った。

現場では、毎日ダンプカーが音を高く響かせながら山土を運んでいる。横ではブルドーザーが唸るような音を出していた。古墳の下は岩盤だから発破をかけて岩石を取り出していた。

ここから宇土高校社会部、ＯＢらは本格的に後円部の調査に乗り出した。頂上に南北、東西にトレンチを入れると、西北部に粘土の覆いが見つかった。富樫がかつて語った「おおごとだ！」という言葉が現実味を帯びてきた。さらに粘土の脇に平たい割石が見つかった。石室が手つかずに残されている可能性が高まった。

この後、高木たちは石室の一番北側に、墓壙に入る階段があるのを発見した。三段あった。墓壙の中には竪穴式石室の上部全景が見えていた。

一年生だった下村は鮮明に記憶する。

「きれいな竪穴式石室が出たのです。蓋石に粘土が巻かれていました。近畿地方に見られる前期古墳の竪穴式石室とまったく同じ形式でした」

蓋石はその後、七枚見つかる。ブルドーザーが後円部にも上がり始めたが、この間も富樫の指示のもとに高校生たちは実測図を取っていた。だが調査が進むにつれて、この古墳はもはや高校生の手に負えるものではないことがわかった。調査メンバーを充実させ、多額の予算の必要性もあり、さらなる調査体制を組むことが求められていたのである。

八月下旬には後円部近くにブルドーザーが来ていたので、宇土高校社会部はこれ以上、上れないように杭を打ち、縄を張った。

九州学院高校考古学部の山下敏文（現・共同社長）は自転車に乗って熊本市から二〇キロ離れた宇

土市まで調査の初期からやって来た。彼は当時を回想する。

「テントで寝泊まりもしましたね。ブルドーザーが古墳を壊しに来るでしょ。皆で人の鎖を作って古墳を壊さないように抵抗したんです。壊すなら俺たちをつぶしてからにしろよ、という気持ちでした。今思うとあの情熱は何だったのだろうね」

高校生たちが体を繋ぎ、人の鎖を作る。体を張って古墳を守る、という意志表示だった。

「俺たちはあそこで飯盒で飯炊いて食いましたよ」

山下は言う。日が暮れても遅くまで古墳を見守っていたのである。やがて建設会社は八月末わずかに残っていた前方部の岩盤へダイナマイトを三十本打った。前方部は消滅した。

県下でもいろいろな動きがあって、熊本大学教授松本雅明（調査隊長）、富樫卯三郎（調査副隊長）を中心とした熊本日日新聞社による学術調査団が結成された。調査員・調査補助員には宇土高校社会部OBの佐藤伸二（当時、熊本大学助手）、古田一英、敷島安人、平山修一、髙木恭二らの名前もあった。また別府大学生の山崎純男、明治大学生の石橋新次も参加した。そして高校生たちもこれまでどおり調査に参加した。

九月十三日から調査が始まったが、主体部へ発掘は及んだ。蓋石が一枚ずつチェーンブロックで持ち上げられると、竪穴式石室の中から四メートルの舟形石棺（※8）が姿を現した。大きさから見ても県下で最長の舟形石棺だった。

九月十五日に石棺の蓋を持ち上げることになったが、このとき集まった見学者は二百名にも達した。

重さ二トンの蓋がチェーンブロックで持ち上がると、すべての人が息を呑んだ。真っ赤な朱塗りの石棺の内部に女性の人骨（三十代後半から四十代と推定）が横たわっていた。

このとき高校生の下村は、人骨の足の部分にいた。足から徐々に見えていったが、朱の赤さにとらわれ、彼の目は一瞬かすんで幕がかかったようになった。そこから徐々に焦点が一気に合って、人骨が鮮明に見えた。顔の顎が外れていたのがわかった。

「古墳時代の人がそのまま出てきたんだ」

そう思った。石棺の石枕（※9）には鏡が二面、右手の脇にもう一面があった。不知火の海を支配した巫女を連想させた。

下村はとくに鏡に注目していた。

「方格規矩鏡（※10）が立っていたわけです。副葬したときのままでした。女王の顔が映るように立てられていたんですね。千何百年もそのままだったんだと思ったんです」

高校生たちは授業があるから毎日のようには調査に行けないが、調査が終わりに近づいたときに、遺物などを実測して取り上げたり、石棺を据えつける土台の調査、石棺の復元、十月まで行われた埋め戻しの作業と地味な役割をこなした。

学術調査団が調査を行ってからは、高校生たちは裏方に回ったが、世紀の発見を引き出したのは、高校生たちの地道な調査があったからだ。

下村は言う。

「まだ十六歳ですからね。いきなり衝撃的な調査に参加したわけです。もう今世紀、これ以上の前方後円墳を開けることはないだろうという調査でした。ふつうは一〇〇メートル級の前方後円墳の主体部は国の指定になって掘りませんからね」

向野田古墳の出土遺物は、「肥後向野田古墳出土品」の名称で国の重要文化財に指定された。

この当時、考古学部の予算は高かった。学校では運動部よりも上位に位置していた。宇土高校にも、部の予算で買った平板測量の道具や、レベル、三脚、平板測量などの精密機械は常備されていた。高校でも大きな位置を占めていたのである。

このままだと自分がダメになる

高校時代、考古学に熱中した下村だが、彼は大学への道を選ばなかった。母親一人で育てられたので、就職して母を助けなければいけなかった。三年生になると公務員試験の準備を始め、熊本県庁に合格し、昭和四十七年四月に本庁の土木部河川課に配属された。

下村は河川に架かる橋の担当になった。この頃、県は天草市本渡にある「天草瀬戸大橋」というループ橋の建設に取り組んでいた。本庁で橋梁事務の担当が十八歳の下村だった。彼にショッキングなことが起こった。彼は構造設計書の面積のチェックを行っていたが、天草の土木事務所から提出された書類の面積に二か所の計算ミスがあった。これでは書類を通すわけにはいかない。下村は天草から担当者を本庁に呼んだ。やって来たのは年配の男性担当者だった。彼は担当者に言った。

「修正をお願いします。二か所ですが、間違いがあったら書類は通りません」

下村は書類を戻し、差し替えて再度提出することになった。男性は平身低頭して、また持ってきますと答えた。しかし、このとき下村は思った。

「自分自身が怖くなった」

自分は業務として橋について許認可の権限を与えられている。だがこれを勘違いして自分という人間に権限が与えられているとはき違えている者も少なからずいる。

「俺もそんなふうになってしまう。これでは自分が駄目になる」

と不安が全身を襲った。彼は言う。

「お年の土木事務所の方には申し訳なかったなと思いました。公務員ですから待遇には何の文句もないのですが、まだ人間もできていない自分の業務に権力が与えられた。毎日毎日やっていたらもう感覚が麻痺してしまうんじゃないか」

そして役所にいると、おおよその自分の将来が見えてくる。何歳くらいで結婚して、転勤はどことどこにあって、定年するときはどこかの土木事務所の所長だろうなと。そんなレールに乗った人生でいいのだろうかと思うようになった。

その頃である。熊本県では九州縦貫道が建設されるため、遺跡の事前調査が行われていた。県庁の教育委員会に文化財専門の職員が置かれ、彼らが発掘を行った。

エレベーターに乗ると学芸員の野田拓治が土器を持って立っている。今、どこを調査してきたと嬉しそうに語った。

「自分も本当はああいう仕事をしたかったんだ」

高校時代の考古学への思いが込み上げてきた。会うたびに学問への衝動が抑えられなくなった。自分は大学に行こう、そこで考古学を専門に学ぼう、彼はそう決心した。

「せっかく入ったのになんで辞めるのか。ここにいれば何の不自由もなく人生を過ごせるのにとも職場の人にずいぶん説得されましたよ。せっかく採っていただいて迷惑をかけましたが、決心は変わりませんでした」

資金のほうは奨学金を二つ取って、アルバイトをすればなんとかなるだろうと思った。下村は入庁した年の八月に県庁を退職し、受験勉強に専念した。翌年二月別府大学の史学科に合格した。縄文農耕論を提唱する教授の賀川光夫の学風に憧れてのことだった。

職場を辞めるとき恩師の富樫に相談したのか、下村は記憶にない。ただ大学に入学が決まったとき、富樫は言った。

「下村君、一つのことをやり続けたら必ずプロになれるから」

その言葉は彼を励ました。

この道を行く

すでに高校時代に発掘現場で鍛えられた下村の腕は、群を抜いていた。

「大学に来たときは調査も測量もできるし、一年から現場に出て、報告書の原稿を書いたり、トレスもしていました」

賀川も下村を信頼して、「あれを実測してくれないかね」と用事を言いつけた。それが大変にためになったと彼は言う。下村も賀川の背中を見て、研究者の姿の在り方を学んだ。

彼が大学生のとき、九州縦貫道建設のため、熊本県城南町の塚原古墳群（※11）が発掘された。昭和四十八年八月だった。

このときは県の教育委員会の指導のもとに、宇土高、玉名高、鹿本高、第二高などの各高校が合宿で調査に参加した。それぞれの高校が部旗を現場に立てて、発掘に汗を流していた。下村も卒業生として参加していたが、トレンチを入れていくと、いくつも古い溝が出てきた。そこに土器が多くあった。後にこれが方形周溝墓、円形周溝墓（※12）だと判明するが、このときはまだ九州では方形周溝墓の認識が十分ではなかった。後に全面を剥いだときに、大量の方形周溝墓が姿を現すことになる。塚原古墳群は、建設省が道路を遺跡の地下にトンネルで通すことを英断し、遺跡のすべてが保存された。

下村は、テレビ局、家庭教師、家具屋などでアルバイトをして、生活費を稼いだ。家具屋では重い家具を持ったときに腰を痛めたこともある。

「このときはもう発掘の仕事に就きたいと思っていました。すでに行政に専門職が作られていましたからね」

大学に行くと、まず研究室に寄る。そこから講義のために教室へ行く。終われば、また戻って研究室へ。そこで実測などの仕事をしていた。

「大学とはこんなに忙しいところかと思った」

と下村は苦笑する。彼は昭和五十二年三月に大学を卒業した。

だが考古学を職にするのは難しかった。卒業後に宇佐市の教育委員会に一年ほどいたが、専任として採用は見送られた。その後、熊本県庁の文化課で嘱託となり、九州縦貫道に伴う調査に従事した。ここでも専任への道は険しかった。下村は、文化課を去ることにした。

「熊本県でも採用がなくてね。僕がここを辞めた後も、正規の学芸員の採用が十年間なかったと聞きました」

彼はここで一つの決断をする。それは大学院に行くことだった。

「これからは大学院に行かないと、発言権というか、それがないなと思ったのです。これからは学部、修士と六年間教育を受けるのが当たり前の時代になる、と考えました」

当時、別府大学には大学院はなかった。行くなら他大学しかない。彼は熊本大学大学院の受験を決め、合格した。熊本大学では「本だけを読んでも、現場ができないと駄目なのだ」と学部生を徹底して鍛えた。調査、実測、報告書作りなど一連の作業を熊大生に教えた。それは自分が別府大学で経験したことだった。

大学院修了後、民間の実験考古学研究所に就職するも一年も経たずに倒産した。さすがに強靭な精神力の彼も、真っ青になった。彼にはすでに妻も子供もいたからだった。

「酒を浴びましたよ」

と心境を明かす。失業給付も受けた。やがて再び県から調査を手伝ってくれと依頼があり、フリーで遺跡の発掘を担当した。そのとき福岡市で文化財専門職を一名採用するらしいと友人が教えてくれた。

受験場に行くと、旧帝大系、著名私大の出身者が受験していたが、下村は一次試験、二次試験とパスし、採用された。その心境を語る。

「これでやっと調査ができて、自分の人生を考古学でやってゆけるという気持ちでした」

以後彼は十四年間勤務し、数々の遺跡の調査を手がけ、平成九年に別府大学で文化財学科を作ることになり、母校の教員として赴任することになった。

下村は自分のこれまでを振り返る。

「僕が県庁の土木部を辞めたのは、自分は考古学をやって社会に役割を果たすという強い信念があったからです。だから仕事がなくても、今更自分の思いを引っ込めるわけにはゆかなかった。なければ嘱託で繋いで嫁さんに働いてもらって、どこかの空きを待つ覚悟でした」

土台になったのは間違いなく宇土高校社会部での体験だ。彼は高校考古学クラブの果たした役割を分析した。

昭和二十五年から四十年代半ばまで、自治体に考古学担当部署が未整備で、開発に伴う調査は大学の考古学教室や高校の考古学クラブが担っていた。とくに高校の場合は地域に根差していたから、より緻密な調査が行え、地域史の解明に寄与できた。これは向野田古墳の発見から調査までのプロセスを見れば明らかである。

二つ目は開発による遺跡破壊を守ることで、これを契機として全国の自治体に文化財専門職員が置かれるようになったことだ。同時に、そこから自治体の専門職を担う人材が生まれたと言えるだろう。

三つ目は、高校考古学部の多くの生徒は大学で考古学を学ばなかったが、地域の歴史にじかに接した体験で、文化財への興味、文化財への保護思想を持つようになった点である。これこそ遺跡保護の最大の理解者であり支援者となる。まだ文化財保護の思想が十分でなかった時代に、彼ら彼女らは先進的な役割を果たしていたのである。

現在、下村は学生たちと接する日々だが、彼らにはこう夢を託す。

「（史学・文化財学科は）民俗、歴史も含めていろんなコースがありますが、僕は考古学担当ですから、文化財の保護活用できる人材ですね。行政の文化財専門職員になってほしいという思いがあります。事実、ここ五年間で四十数名の卒業生が県、市、町の文化財専門職に正規採用されました。また専門職にならなくても、博物館学など学ぶことで、発掘はしないけど、文化財保護思想の普及や啓発ができる人になってほしいですね」

そこまで話し終えて、下村が立ち上がったとき、彼はふと私の顔を見た。

「考古学エレジーは、別府大では歌っていなかったな。高校時代にいつも歌っていたよ」

まさか、という気持ちだった。私は社会部に在籍していた頃、考古学エレジーの存在を知らなかったからだ。

「誰から教わったのですか」

下村はしばらく記憶の糸を手繰り寄せるように目を閉じた。

「たぶんね、熊本商科大学に行っていた髙木恭二さんだと思うよ」

高木は、私にとっても考古学の師という存在の人である。高校時代に森本六爾の本を貸してくれたり、調査のときに指導を受けた。

私が高校に入学するはるか前に、部で歌われていたのは意外だった。

阿蘇谷に鳴り響く歌声

一体高木はどのような経緯で「考古学エレジー」を私の母校に伝えたのだろうか。

高木がこの歌を知ったのは、熊本商科大学へ入学が決まった昭和四十四年三月だった。春休みになって、彼は向野田古墳で調査をともにした九州学院高校考古学部の山下敏文と阿蘇の古墳を見るため、泊まりがけで旅行した。高木は回想する。

「このとき二泊したんだけど、うち一泊は古墳の上にテントを張って寝たんですね。だけどまだ三月でしょう。阿蘇は寒くてねえ。寝られずにいると、山下君が〝僕が島津さんから習った唄だ〟と言って歌ってくれたんですよ」

古墳とは阿蘇市一の宮町にある長目塚古墳（※13）である。水田地帯にあるが、ここから阿蘇の中岳など五岳がよく見える。長目塚古墳の前方部は今はないが、前方後円墳であり、そのときの全長は一一一・五メートルあった。かつては県下最大の古墳だった。

二人は残された後円部に寝ながら、歌った。寒い空には星が輝いていた。

「郷愁を誘う唄ですね。その後も調査が遅くなって、日が落ちて静かになったときや夜になると歌いましたね。哀愁がありました。自分はバリバリのサラリーマンにはなれないけど、自分は考古学を頑張っているんだという思いで歌っていました」

高木は卒業後も母校によく行っていたので、ごく自然に部員たちに伝えたのだった。

山下が考古学エレジーを知ったのは東京に修学旅行に行ったときだった。

旅館に当時國學院大學の学生だった島津義昭が姿を見せた。島津は夏休みなど帰省すると、九州学院によく顔を出していたが、山下はとくに熱心だったので目をかけていたのである。

島津はそのまま夜の街に連れ出し、屋台に連れて行ってくれた。そこで考古学エレジーを知った。夜は島津の下宿に泊めてもらったが、本がたくさんあることに驚いた。翌日は國學院大學の考古学資料の収蔵庫を見せてもらった。神田の古書店街にも連れて行ってくれた。そんな東京での華やかな思い出とともに、エレジーの存在は彼の中にある。

山下は卒業後は熊本商科大学に進み、文化財研究会に所属し、あまり知られていなかった阿蘇谷の遺跡を次々と見つけてゆく。

高校考古学部の猛者たち

熊本県の高校考古学部の雄の玉名高校郷土研究部出身に考古学者の杉村彰一がいる。彼は熊本県教育委員会文化課に勤務し、高校の教師も務めた。

杉村は言う。

「慶應大学名誉教授の江坂輝弥先生が、玉名高校の部報は、学術誌『考古学ジャーナル』に掲載されるレベルの高度なものであると仰ったんですよ」

杉村は明治大学で考古学を専攻し、杉原荘介、大塚初重ら日本考古学会界をリードする学者に指導を受けた。

杉村の中学時代の恩師の三島格（のち肥後考古学会会長）も同じことを指摘している。

三島格は、宇土市にも足を運び、社会部を指導した。

「宇土高校は言うに及ばず、山鹿・玉名の各高等学校の文化祭の展示は、今の博物館、歴史民俗資料館などの役割を常設でなくても果たしていた。部報は謄写版刷りで日が当たらないが、近頃発見云々で騒がれている遺跡も、当時の高校生の調査で部報に紹介されてはいまいか」

杉村は大学を卒業してからは山鹿高校考古学部の顧問となり、高校考古学部を指導する立場になる。山鹿高校のもう一人の顧問が隈昭志（のち山鹿市立博物館館長、肥後考古学会会長）であった。

そのとき考古学部部員だったのが、装飾古墳の研究者で知られる高木正文だった。彼も大学卒業後は県の文化課に勤務したが、考古学部の果たした意義について語った。

「高校考古学クラブがなかったら、遺跡はなくなってしまっていたですよ」

高木の父親は郷土史家の高木誠治である。父親は、考古学にも詳しく地元の遺跡の調査も行っていた。父に連れられ遺跡を歩くようになり、「考古ボーイ」になった。高木は昭和三十九年に山鹿高校に入学するが、高校二年生のときに遺跡の破壊に直面することになる。

昭和四十一年三月十日だった。山鹿市小原で石蓋土壙（※14）という古代人の埋葬施設が見つかった。これもブルドーザーによる開田事業の中で見つかったものである。

この遺跡で考古学部部員とともに高木が石棺を見つけたとき、ブルドーザーで壊されていた。

運転手は平然と言った。

「面倒だからわざとブルで押して壊したんだよ」

彼は笑いさえ浮かべて言った。そして頭蓋骨があったら、持って帰って床の間の飾りにしたのにと。破壊された石棺の内部は真っ赤に朱で塗られた見事なものだった。

高木は怒りに震えながらも、適切な言葉が見つからずにいた。相手は屈強な大人である。彼は勇気を出して言った。

「今度…何か発見されたら…すぐに工事を止めてください。そして連絡ください…」

ブルドーザーを運転した人は、石棺だけでなく、埋葬された人、葬った人々の気持ちも殺したのではないかと。

熊本県立山鹿高校考古学部の部報「チブサン」。写真は昭和40年代のもの。写真提供＝髙木正文

すぐに部で調査をしたが、その日は小雨が降っていた。石棺も濡れていた。それは古代人の涙ではなかったかと髙木は心を痛めた。

だが遺跡破壊の現実は過酷だ。夕方遅く、調査が終わった後に用具整理のために一人残っていると、村人がスコップを持ってブルドーザーのいる畑へ走って行く姿が見えた。村人は数名いた。髙木が気になって見にゆくと、新たに石蓋が見つかっており、石蓋を村人たちが跳ね除けて中の遺物をわがものにしようと飛びついていた。

髙木は事情を話し、顧問の先生が来るまで、石蓋を開けるのを待ってもらうように頼んだ。バイクを飛ばし、すぐさま顧問の隈の許に走った。隈がやって来て、地主と交渉し、調査が終わるまで立ち入り禁止にしてほしいと伝えてくれた。

考古学部の調査で、この遺跡は県で二番目の石蓋土壙と確認することができた。だが数十日後、また同じ地区で、甕棺三基が胴部をブルドーザーで切断された姿で横たわっていた。

のちに、このことを部報（『チブサン十一号』昭和四十三年三月）に記した髙木は慟哭する。

〈あゝブルドーザーよ、お前に心はないのか、目は見えないのか、いやお前を責めてはかわいそう

かもしれないがお前は人間に造られた機械だから、お前をあやつる人間が悪いのだから…〉

　そして高木は、現在は文化財保護法はあるにしても、国土開発の前には無力に近い状態であることを指摘している。

　山鹿高校考古学部は部報『チブサン』を発行して、部の研究成果を発表した。

　高木は別府大学に進学する。当時は大学に行く生徒も少なく、進学しても考古学を学ぶ人は稀だった。とにかく就職先がない。家計の問題もある。同級生だった部長は、別府大学で考古学を学ぶ高木に言った。

「俺は進学したいけどできなかった。君に託すよ」

　彼は自衛隊に就職したが、亡くなった。

　高木は、「考古学エレジー」は大学で歌ったという。原曲に近い歌詞だった。

「いつから歌い出したのかわからないなあ。島津さんに教わったわけじゃないですけどね。リフレインは四番だけはあったと思いますね」

言い続けたトンカラリンの真実――髙木正文

　高木の功績で忘れてはならないのが、「トンカラリン」という謎の古代祭祀遺跡と一般に呼ばれたものの真実を言い続けた点だ。その前に昭和五十年代からトンカラリンがなぜ日本中を席巻するブームを巻き起こしたのか辿ることが必要だ。

トンカラリンは和水町江田長刀（当時は菊水町）にある切り石で造られた四〇〇メートルほどの不思議なトンネルである（正式には四六四・六メートル）。何のために造られたのかわからないために憶測を呼ぶことになった。高木はトンカラリンの地元で生まれ育ったので、幼少から存在を知っていた。

「家庭の水とかすべてそこに流れ込むようになっていました。穴があるのは知っていましたが、よく石を落として遊んでいたんですよ。僕らはトンカン穴と呼んでいました」

空缶を投げればトンカラリンという音がするが、石を投げればそんな音はしない。ただそんな隧道がにわかに注目されたのは、ある県会議員の存在があった。

昭和四十九年夏頃、ある政治家がトンカラリンを見て驚いた。なぜここにやって来たのか。

「きっかけは地元に住む方が、頭が痛くて、熊本市の祈祷師の方に診てもらった。その政治家の方も同じ頭痛で、同じ祈祷師に診てもらった。一緒に祈祷してもらったわけです。そこで昔からある穴を粗末にしているからだと言われ、見に行かれたわけです」

それがトンカラリンだった。政治家はトンカラリンに近い山鹿市出身だった。すぐに県文化課に連絡し、地元に詳しい高木が案内した。彼は「これはトンカラリンというみたいですよ」と説明した。そこからトンカラリンという名前になった。

政治家は、この穴に興味を示し、祭祀遺跡ではないのかと思った。高木は穴に入って図面を取ったが、ただの排水路にすぎないとしか思えなかった。高木はさらに地元の人たちにも聞き取り調査をした。その結果、高木は確信した。

「江戸時代の排水溝ですね。雨が降ったとき、土地が崩壊しないように水路を造って流れるようにしたんです。そのため水路がえぐれないように壁に石を積んだ。階段状に造ったり工夫もしたようですね。さらに下の部分は明治時代に造ったようです。明治にトンカラリンの下のほうを造っているのを見たという古老がいましたね。遺物は出ませんでした」

昭和五十年十一月から行われた県の発掘調査では、出土したのは近世から近代にわたる陶器片だけだった。古代の遺物は何も出なかった。

だがトンカラリンはマスコミの時流に乗って一人歩きする。

県内でも著名な考古学研究者が熊本日日新聞に「トンカラリンの謎を推理する」という題で執筆した。そこには謎の遺構として有名な神籠石《こうごいし》（※15）の一種ではないかという推測、疑問を持った内容で書かれた。

昭和五十年五月に作家の松本清張が江田船山古墳（※16）やトンカラリンを見に菊水町（現・和水町）にやって来た。そのときの模様を週刊誌に発表したが、ここで清張も邪馬台国問題を考える拠点となる可能性があること、五世紀末か六世紀前半頃の祭祀遺跡ではないかと書いた。ここから一大ブームが巻き起こり、見学者がバスを貸り切って訪れるようになった。

ブームの発端となった政治家も地元紙に「神の里への洞窟の道」と論考を発表した。昭和五十一年から五十二年にかけてトンカラリンの話題は世間を席巻し、昭和五十三年にはテレビでも一時間番組が作られた。

トンカラリンにはしめ縄が張られ、祭祀遺跡の様相を呈していた。いつしか排水溝と主張する高木は調査担当を外されていた。じつは高木の父親の高木誠治も、これは排水溝であると見抜いていた。高木誠治はトンカラリンのことを地元の人間として隅々まで知っていた。歴史研究者としての目で鋭く見つめていたのである。

誠治も次々と論文を発表した。学術誌の『考古学ジャーナル』には「トンカラリン遺構の実態」(五十四年六月三十日)、続編として同誌に「続・トンカラリン遺構の実態」(五十六年二月)のほか、熊本日日新聞や県内の郷土歴史の冊子に、トンカラリンは排水溝であることを述べた論文の数は軽く十本を超えた。

昭和五十三年十月に熊本日日新聞社は『新・熊本の歴史』というシリーズを古代から現代にわたって刊行するが、そこでも当時、熊本大学教授(当時)の白木原和美は、一目瞭然で用水路であると述べており、同大学名誉教授の松本雅明も述べた。

〈最後に、間違った方法の例としてトンカラリンにふれます。これを古代の遺跡だとする説があり

ますが全く根拠がありません。トンカラリンは幕末の文政・天保ごろから明治の初めにかけてできた排水路です〉

その理由として、県の文化課が行った調査で、幕末の二川焼のかけらが出てきたこと、下流で小袋焼のかけら二つ、唐津焼のかけら一つが出てきたことを挙げている。水路の石の削り方も現代の民家の石垣と同じ切り方であると論じている。

洪水時にはこの隧道を水が多く流れるという。とくにこの地は火山灰土で地形が柔らかいので、石を使って排水路の崩れを防いだと見られている。祭祀の面からも谷間の泥水が流れる場所で、神聖な清めを行うことは不可能であるとも松本は述べた。

だがブームに熱狂している人たちには、高木誠治らの冷静な視点は受け入れられず、息子の高木自身にも方々から「謝れ」という声も実際にあった。

「もう反対意見を言ったら大変だったですよ。職場でも上の人にお前の親父がこんなこと書いているから謝れと言われました」

あるいはこうも批判された。

「排水路なんて言うとんでもない奴がいる」

そんな中、高木誠治は小学校教師を退職後、現地に立ち、トンカラリンの説明を行った。

父の誠治は記す。

〈また、トンカラリンの真実を伝えるために、依頼を受けて説明したり、出会った人に話したりしたが、これについてはある方面からいろいろな圧力が掛けられた。〉（高木誠治『ありのままの人生私の昭和史』）

高木の父誠治は平成二十年九十一歳で亡くなったが、「排水路である」と言い続けた。

ブームの最中にあって、当初は排水路と主張しながら、ある方面からの圧力のため、自説を変える研究者もしばしば出てきた。

高木正文はその人たちに言った。

「事実を事実と言い切らなければ考古学をやめなさい」

高木も県の文化課を退職するまで、ある方面から圧力をかけられた。職場に乗り込んでこられたことも何度かあった。

「差別された、と言ったほうがいいかもしれません」

だがそれでも自説を曲げなかった。彼の姿勢に考古ボーイの徹底してこだわり抜くという特質を見ることができる。そしてもう一つは高校考古学部の長所である、地域史について深く学び、理解している力をいかんなく発揮している点だ。

三島格が以前、宇土高校社会部のＯＢ会報『とどろき』でこう指摘した。

活躍する山鹿高校考古学部。写真はいずれも髙木正文の提供。上は和水町での調査（昭和40年）、中は山鹿市の辻古墳調査（昭和40年）、下は宇土市の轟貝塚で（昭和41年）

＜その地域出土の文物は、原則的にはその郷土の人びとに理解され、保護されるべきもので、本来はある。観光が先行すると地域の住民はそっぽ向く。心すべきことだと思う＞

これはトンカラリンを念頭に入れた一文ではなかったか。歴史に政治や利害が絡むと、事実がねじ曲がる。それはかつての皇国史観に繋がる危険性を孕む。

高校考古学部の役割は、事実をきちんと調べることで、観光地化されてゆく地域の遺跡への歯止めになったとは言えまいか。

高木はその中でも、着々と自らの研究を進め、これまでの熊本県の装飾古墳の研究の集大成である『熊本県装飾古墳総合調査報告書』（昭和五十九年・熊本県教育委員会編）の編纂に関わった。装飾古墳研究の第一人者として、「肥後における装飾古墳の展開」（『国立歴史民俗博物館研究報告』第八十集・一九九九年）、「肥後の装飾古墳」（『考古学ジャーナル臨時増刊号』平成七年十月）があり、現在も「直弧文のゆくえ」（『旃檀林の考古学』二〇一一年八月）など精力的に論文を発表している。

なおトンカラリンについての優れた論考として『考古学の謎解き』（講談社・昭和五十四年）がある。ここで「〝トンカラリン〟の正体」と題し、國學院大學教授の乙益重隆が、発見の経緯からブームとなった原因を踏まえ、排水路の実態を論じ、高木誠治らの尽力を紹介し、「トンカラリンは排水施設である」と断言する。この論考の最後に乙益はこう述べる。

＜根拠のないものをことさらに誇張し、いろんな臆説を述べるのもいかがかと思われます。…トンカラリンの問題にしても、一部の人々が何ごとかを言いだすと、これにならって、万犬吠ゆの状態に発展し、加うるにマスコミが便乗してあおりたてるために、いよいよ社会的な騒ぎになるわけです。（中略）しかしこうした物事に便乗し、いたずらに騒ぎたてるのは危険な風潮で、お互いに慎むべきだと思います。今のような時代にこそ最も必要なことは、正しく冷静な批判精神であることを痛感させられた次第であります＞

現在、菊水町は和水町となった。ホームページの「観光」のコーナーにはトンカラリンが紹介されている（二〇一五年二月九日現在）。そこには排水溝と書かれておらず、今も秘密のベールに包まれており、＜トンカラリンはやはり大陸や朝鮮半島と何らかのつながりをもつ古代遺跡ではないかとの推測ができます＞とある。

トンカラリンがブームになって四十年が過ぎた。遅すぎという感もあるが正確な判断が望まれる。

山鹿高校の隣の鹿本高校にも考古学クラブがあった。そこには後に鳥栖市で文化財専門職員になる石橋新次がいた。彼は昭和二十四年熊本県鹿本町（現・山鹿市）生まれ。鹿本高校郷土研究部では原口長之に師事し、女子部員らと縫いながら部旗を作った思い出もある。明治大学に進んでからは、帰省して向野田古墳の発掘にも参加した。このときの縁で宇土高校の富樫卯三郎にも師事した。

「向野田古墳の発掘の後に、宇土高校のＯＢと一緒にバイクを飛ばして二〇キロもある三角港まで飛ばしたこともあります。もう夜中でしたが港の夜景を見たいと思ったのです。その行為に駆り立てたのは、向野田古墳という大前方後円墳で、しかも処女墳を我々が発掘しているという若者の高揚感や誇りがあったからなのですね」

三角港は平成二十七年に世界遺産に登録された近代の港である。宇土半島沿いの真っ暗な道を石橋たちは、処女墳を発掘している高揚感を抑えられなくて、バイクで走った。

明大時代は、川崎市方面などを島津と表面採集で歩いているとき、自然に「考古学エレジー」を歌った気がするという。ある高校の考古学クラブは遺跡調査に行く際に、自転車で列を作り、先頭の号令に合わせて考古学エレジーを歌いながら走ったという。自然に歌うことが似合う時代だった。

石橋は当時を振り返り、よく口ずさんだ唄を思い出す。あがた森魚の「赤色エレジー」である。同棲という言葉が若者たちに浸透していた。

愛は愛とて何になる　男一郎まことと て
幸子の幸は何処にある　男一郎ままよとて

藤圭子の「夢は夜ひらく」も若者たちはよく歌った。映画は、高倉健主演の「網走番外地」シリーズが彼らの共感を呼んだ。

「健さんには正しいものは正しいという男の美学に共感したのだと思います」

そう石橋は語る。高度経済成長の負の側面として、水俣病をはじめとする公害問題、ベトナム戦争に対する反戦運動などの盛り上がりを見せていた時代だった。そんな社会状況の中、考古学もこれらの時勢と無縁ではなかった。

「私たちは公害問題の噴出、ベトナム反戦運動から多くの影響を受けました。その目の前に遺跡の破壊があり、一方で開発があった。開発のために遺跡の緊急調査をします。私たちは遺跡の調査を通じて開発の露払いをしているのではないかという矛盾を実感していました。考古学と社会が遺跡の保存や破壊を巡って、初めて向き合った事態でした。僕らの内面においては考古学の領域にとどまらず、社会問題と関連して遺跡と向き合っていたのです」

石橋は当時を思い出しながら、静かに語った。

戦前からあった高校考古学部――菅谷文則

高校考古学部と言えば、高度経済成長時代の活躍が印象深いが、それだけでなく戦前から存在していた部がある。その筆頭格が奈良県橿原市にある畝傍高校歴史部である。明治三十年に畝傍中学（旧制）の教師だった高橋健自（のち東京帝室博物館監査官）は、生徒とともに遺跡調査や古墳見学を行っている。遺物も採集し、高校に残されていた。そこから活動を続け、ときに休部も挟みながら現在に至っている。大正から戦前にかけて森本六爾、樋口清之（國學院大學名誉教授）、網干善教（関西大学名誉教授）らが歴史部で活動していた。畝傍高校は多くの研究者を輩出したが、現在の考古学界でも健在だ。歴史部ＯＢで橿原考古学研究所所長の菅谷文則が高校考古学部の二つの系統を話してくれた。

「第二次大戦後に発掘調査を盛んに行った高校に大阪府の泉大津高校や京都の平安高校、大阪府高槻市の島上高校などがありましたが、私が経験したのはああいう高校とは違うのですね。これらと別に戦前から活動していた高校（旧制中学）があるわけです。九州でしたら小倉高校、朝倉高校、畝傍もこの系列に入るのですよ」

高校考古学部をひとまとめに論じることができないことを、ここで知った。

「戦後に新設された高校の部は、先生が部活に燃えに燃えていたし、生徒たちも〝はしか〟みたいな熱気で、調査を行っていくわけです。僕らの学校と進み方が違うわけです」

これらの新設の高校のバックボーンは、皇国史観の否定であった。戦前の古事記、日本書紀中心の国史を改めるということだった。

そこからの反省をもとに世の中を正しく見ようという気風が生まれた。その流れで近藤義郎が月の輪古墳を調査し、記録映画になった。皆で歴史の調査に参加するという試みである。

「これに刺激を受けて全国の高校がやりだすわけですね」

また京都の平安高校は、京都大学で考古学を学んだ人たちが、就職口がなく、教師を務めた。坪井清足、田中琢（のち奈良国立文化財研究所長）、佐原真（のち国立歴史民俗博物館長）らがそうである。次の就職先が決まるまでの場であった。その中で教師は生徒を指導して考古学部の活動をした。

高校もスタイルは様々である。


菅谷は昭和三十三年に畝傍高校に入学したが、教師に「戦前からあった歴史部はあるのですか」と聞いたら「ない」と言われた。

「名目上はあったのかもしれませんが、活動が一回途切れていたのですね」

国語の教師だった吉村基治が國學院大學出身で考古学にも詳しかった。そこで菅谷は一学年上の先輩と歴史部を復活させることになり、雑誌『畝傍史苑』などを出すようになった。しかし部としてはほとんど発掘はしていない。

「うちの高校は受験をスローガンにし始めた年だったので、発掘にも行けなかったのですよ。先生も〝勉強せえ〟ばっかりだった」

発掘に行きたい菅谷は、吉村から隣の高田中学の教師をしていた網干善教を紹介してもらった。網干は和歌山の地ノ島で発掘をしていたので、そこから持って来た縄文土器の整理作業をしていた。網干は菅谷に「君、これ洗え」と命じ、土器洗いをやった。そこで網干が「土器とはこのようなものや」と形式など説明してくれた。その後、畝傍高校の社会科準備室に入る機会があった。ふと棚を見ると、いっぱい土器があった。これが戦前に歴史部が集めた土器だった。菅谷は学内の部屋のあちこちから歴史部のコレクションを集めて、二年生の秋の文化祭で畝傍高校考古学展をやった。

「図書室にもね、戦前の本がいっぱい残っていたんです。国史大系も全部ありましたし、史料総覧もあった。それを吉村先生を中心に読んでいったのです」

吉村は森本六爾の顔は知らなかったが、森本の同級生で考古地理学の堀井甚一郎（奈良教育大学教授）らと親しく、森本の話もしてくれた。

「私を考古学の道に進めてくれた人、横からサポートしてくださったのは、吉村先生ですね」

菅谷が高校三年のときである。受験を前にして夏休みは午前中に補習授業が行われていた。このとき網干から連絡が入った。奈良県御所市の鴨都波遺跡（※17）を掘るから、補習が終わったら手伝ってほしいということだった。受験で忙しいのにと思ったが、発掘はしたかったので、弁当を途中の駅で食べて、午後から発掘現場に向かった。

ところが現地に行くと、指示するはずの網干の姿が見えない。

「網干さんは坊さんだから、この時期はお経のほうが忙しい。そっちを一生懸命やられていた」

そのため菅谷は遺跡の一部を調査し、図面も取っている。網干も亡くなり、その頃の資料は関西大学に持って行ったという。

「あの図面は僕も書いたことだし、簡単な報告書を作りたいと思っているんですがね」

菅谷は語る。

「僕らの高校の活動の歴史は細い糸で繋がっているわけですよ。毎年合宿したりもなかったです。だからクラブはありましたが、学校の外で先輩にくっついて調査をやったわけです」

高校二年生のとき、伊勢湾台風があって、高校の近辺も遺跡が壊された。このとき歴史部で発掘をやった。須恵器が多く出土したが、それが彼にとって部で最初で最後の合宿だった。

菅谷は関西大学に進んだが、やはり彼も末永雅雄の薫陶を受けた。末永の口癖は、

「学問する人は紳士たれ」

ということだった。末永が研究室に来る前は、部屋をきれいにしてお湯を出せるようにしていた。末永はお茶は飲まない。学生は靴が汚れていたり、髪の毛が乱れていれば叱られる。末永自身もストイックで酒も煙草もされなかった。

末永は寸暇も惜しんで仕事をする人だった。二か月に一回は東京に委員会などで出張があったが必ず夜行に乗った。その折に菅谷に言う。

「あさって東京に行くから、これとあれ準備しろ」

だいたいが大量のフィルムやカードだった。これらを風呂敷に包んで、なんば駅まで末永を送る。二泊ほどして戻ると、フィルムやカードはきちんと整理されていた。末永は委員会の傍ら、車中と宿で持参した作業をやっていた。

酒の席もなかったので、「考古学エレジー」を関大で知っている人は少ない。

昭和四十二年頃、大学院生の菅谷は横浜市にある集落の遺跡を見に行った。國學院、明治の学生たちが調査していた。住宅公団で家を造る場所に遺跡が見つかったのだ。このとき彼はプレハブ小屋に一泊した。そこで宴会が始まったが、彼が驚いたのは、

「発掘ではこんなに酒を飲むのか」

ということだった。そのとき学生たちが、考古学エレジーを歌い出した。初めて聞いたが、変わった唄やな、というのが正直な感想だった。

菅谷は、大学院修了後、奈良県教育委員会文化保存課を経て、橿原考古学研究所に勤務。平成七年に滋賀県立大学教授になった。学生たちと中国に調査に行き、彼は宴会のときに言った。

「関東に行ったらな、宴会でよう歌うから、初めて聞いたと言うと笑われるから、この歌詞くらい覚えておけ」

菅谷は学生たちにエレジーを歌って聞かせた。

発掘終われば俺たちは　離れ離れに去って行く　せめて今夜は飲もうじゃないか
青い月夜の白むまで

学生は一斉に「こんな暗くて寂しい唄を」と言ったが、いつまでも覚えている者もいた。

畝傍高校からは今でも考古学の最前線にいる研究者を輩出している。
元京都橘大学文化財学科教授の弓場紀知や橿原考古学研究所研究員の卜部行弘、駒澤大学歴史学科准教授の寺前直人らがいる。異色なのは、京都大学農学部教授で、水田発掘を指導している稲村達也もいる。

昭和二十二年生まれの弓場は中学時代から考古ボーイだったが、畝傍高校には考古学をやるために入ったわけではない。ただ菅谷と同じように、個人として新沢千塚古墳群（※18）の調査に行っている。大学時代に藤原京の発掘にアシスタントで参加し、大量の木簡が出土する光景に出合う。ここから大学時代は藤原京の調査に明け暮れ、考古学の道に進んだ。現在は陶磁器が専門である。

昭和三十六年生まれの卜部も小学生のときから考古ボーイだったが、畝傍高校では歴史部に在籍していたものの、発掘の経験はない。部の活動は週に一回で、部の文集を出す程度だった。

部としての活動は細いものかもしれないが、大正から現代に至るまでとめどなく研究者が育っている点に、伝統校の果てしない底力を感じさせる。

昭和四十年代まで隆盛を誇った高校考古学部も、行政に文化財専門職員が配置されるようになると、徐々に出番を消してゆく。やがて発掘は行政発掘主体になり、今高校生が発掘に主体的に参加することはほとんどない。

その大きな理由に行政の整備だけでなく、これらの高校が受験校になった点もある。合宿で発掘する夏休みや春休みが、課外授業で時間が取れなくなってしまった。発掘のための公欠など今では考えられないことである。

現在考古学部の多くは廃部になったか、考古学から転じて郷土研究などを行っている。宇土高校社会部も、平成十年代に廃部になった。役割は終わったと見るべきであろう。

ところが平成二十六年七月から九州国立博物館で「全国高等学校考古名品展」が開催された。そこには泉大津高校の鰭付円筒埴輪、家形埴輪、船形埴輪なども展示された。出品高校は全国十三校に及んだ。

図録には畝傍高校の『畝傍史苑』第九号に書かれた一文が紹介されている。

〈クラブと勉強が両立しないのどうの問題はあるが、過去を机上で追うより、手でふれ、足で確か

めてこそ、本当の歴史を学ぶものと信ずる〉

この企画展示に携わった九州国立博物館の主任学芸員である市元塁（現・東京国立博物館主任研究員）は高校に目を留めた理由を話す。

「ピーンと高校に考古資料があるのではないかと考えたのです。僕は考古ボーイではないですが、以前から高校と考古学の繋がりは知っていましたからね。必ずあると思いました。そしてそういうところの資料はまだ使われてないと思ったのです」

市元はまずは各高校に足を運んだ。自身も、当時の部報を手に取って感じた。

「いろんな言葉に触れて熱いものを感じたし、立派な文章書くな、と思いました」

同時に、六〇年代を振り返るようなノスタルジーな展示にせずに、今高校にある資料を今後どう活用してゆくかに重きを置くべきだと考えた。

「考古資料ってガラス越しに見るものではなくて、触ってなんぼじゃないですか。十代後半の多感な時期に、まったく未知なものが傍にある。これは今の高校生に貴重な経験になると思ったのですよ」

この展示を機に、高校考古学部の果たした役割も再検証されることであろう。

※1　**弁天山古墳**＝熊本県宇城市不知火町にある全長五〇メートル弱の前方後円墳。四世紀前半と見られる。
※2　**割竹形木棺**＝丸太を縦に二つ割りにして中を刳り抜き、棺身と棺蓋を造り合わせた棺。
※3　**竪穴式石室**＝古墳時代の前半期に見られる埋葬施設で、古墳の頂上から竪に掘って造られた石室。
※4　**スリバチ山古墳**＝熊本県宇土市神合町にある全長九六メートルの前方後円墳。四世紀後半と推定。
※5　**迫の上古墳**＝宇土市神合町にある全長五六メートルの前方後円墳。四世紀後半と推定。
※6　**城ノ越古墳**＝宇土市栗崎町城の越にある全長四〇メートル弱の前方後円墳。古墳時代の前期と推定。
※7　**西岡台貝塚**＝熊本県宇土市神馬町西岡・宮の庄西岡にある貝塚。
※8　**舟形石棺**＝石を刳り抜いて造られた石棺で、形が舟の形をしているのでそう呼ばれる。
※9　**石枕**＝石棺などに置かれた石で造られた枕。
※10　**方格規矩鏡**＝鏡の中央の鈕を方格（方形の区画）が囲み、その外側にT・L・V字形の文様がある。
※11　**塚原古墳群**＝熊本市城南町塚原丸尾・丸山・北原・塚原にある総数五百基にのぼると言われる古墳群。国指定史跡。
※12　**円形周溝墓**＝弥生時代の墓制で、墓の周りに円形に溝を掘って築かれた。
※13　**長目塚古墳**＝熊本県阿蘇市一の宮町にある全長一一一・五メートルの前方後円墳。ただし現在は前方部は消滅。阿蘇の君一族の墳墓と言われる。

※14　**石蓋土壙**＝土中に小さな竪穴を掘り、石を蓋にして埋葬する墓。

※15　**神籠石**＝主に九州で見られる石を並べた遺跡。用途、性質は諸説あり、はっきりしない。

※16　**江田船山古墳**＝熊本県玉名郡和水町（旧・菊水町）に所在する全長六二メートルの前方後円墳。日本最古の本格的記録文書である七五文字の銀象嵌銘を持つ大刀が出土した。

※17　**鴨都波遺跡**＝奈良県御所市にある南近畿を代表する大集落。弥生前期から古墳時代前期にわたって集落が営まれた。

※18　**新沢千塚古墳群**＝奈良県橿原市北越智町・川西町にある日本有数の大古墳群（群集墳）。国指定史跡。

華厳の丘に夢をおき
シュリーマンの後を追う
我ら学徒の行く手には
エンピとともに光あれ

第八章

戦争と登呂遺跡と師弟の愛と

写真：昭和41年8月、茨城県ひたちなか市の埴輪製作跡地での調査。助教授時代、大塚初重（左端）は率先して土運びに汗を流した

この章はまだ「考古学エレジー」が作られていなかった時期である。エレジー前夜とも言うべき部分である。戦火の中に散った考古学徒、戦後間もなくの考古学の青春模様を記す。ここにも時代に生きた若者のエレジーがあった。

登呂遺跡と戦争と――大塚初重

明治大学名誉教授の大塚初重は大正十五年に東京都に生まれた。昭和十九年十月に海軍に入隊した。ちょうど旧制中学を出たばかりだった。軍属として気象観測をやっていたが、転勤の命令をもらい、渡航中、二度魚雷攻撃に遭って東シナ海を漂流し、生死の間を彷徨っている。

この戦争体験が大塚の目を考古学へ向かせた。それまで大塚が習った歴史は、皇国史観であり、神武天皇、天照大御神が出てきて、神国日本は不滅であるという内容だった。

「僕は昭和八年に小学校に入って、旧制中学で五年間学んだ。どの先生も考古学の話をする先生はいなかった。古事記、日本書紀が出てきて、日本には神風が吹くとか、神国日本は不滅だとか教えられた。だからあの頃の若者は皆そう思っていたのです」

大塚の周囲でも皆が日本の勝利を頑なに信じていた。しかし実際に自分が戦争に行けば、魚雷に二度もやられ、目の前で人が死んでいった。大塚はそのとき船から投げ出され、東シナ海を漂流したが、このとき彼は考えた。

「魚雷でやられて目の前でどんどん人が死んでゆく現実を見て、自分が習った歴史はおかしいと思った。神風が吹くと言われたけど、何だいこれは、という感じだった。もし自分に命があって、再び日本の土を踏めるのなら、もう一度正しい、科学的な歴史を学びたい。小学校か中学校の先生になって間違いのない古代史を教えたい」

一命を取り留めた大塚は、さらに思った。自分が大学に入って、津田左右吉など古代史の勉強をしていれば、学校で習った歴史の真実がわかり、批判的に捉えることもできたはずだと。だから今度は正しい歴史を科学として学びたい、その思いは日増しに強くなった。

それが大塚が考古学を志すきっかけだった。

昭和二十年八月十五日、日本は敗戦を迎えるが、このとき彼は上海の海軍第二気象隊にいて命を長らえることができた。

「今でも思うけどよう助かったなと思います。ラッキーだったのでしょうか。人間が生きるか死ぬかは紙一重ですね。ぐずぐずしてちゃ駄目だし、早とちりで逃げても駄目。脱出するタイミングが合ったのでしょう」

上海で十か月の捕虜生活を経験した後、翌年（二十一年）、大塚は漸く故国の土を踏んだ。

大塚は実家に戻ると、母親一人しかいなかった。まず生活を安定させなければならない。彼は特許庁に勤めることになった。しかし仕事が軌道に乗ると、大塚は古代史を学びたいという気持ちが抑えられなくなった。昼間は働かなければならないので、明治大学専門部の夜間部を受験した。地理歴史科だったが、復員した若者たちで会場はいっぱいになり、競争率も高かった。そのときの受験生の服装は、皆陸海軍の軍服だったことが印象に残った。幸い合格し、本格的に歴史を学ぶことになった。

考古学の講義は、教授の後藤守一が担当した。後藤は戦前は東京帝室博物館鑑査官をしていたが、戦後は明治大学教授を務めていた。すでに日本考古学界の顔であった。最初の講義で彼は言った。

「今年は三種の神器の考古学的検討から始める」

彼は黒板に「三種の神器」と書き、続けて勾玉、鏡、剣と記した。このとき後藤は言った。

「熱田神宮にある剣は青銅器です。青銅器の分布論から言って、北九州の勢力が持っていたものだ。だから皇室が持っていた銅剣は、もともとは北九州の勢力のものになるんだ。ここから日本の皇室がどうやってできあがったか重要な資料になります」

この話は、大塚に目から鱗が落ちた衝撃を与えた。考古学は、目に見える資料を、目に見える事実を分析して歴史を構築するものだと知った。

「これはいい。インチキじゃないと思いました。古事記や日本書紀は解釈によって神国がどうとか言いますが、考古学はモノですから、それが事実を語ります。これしかないと思いました」

大塚は考古学を学ぶ決意を固めた。後に、明治大学は昭和二十五年に日本でもっとも早く考古学の専攻課程ができた。

この頃、静岡市では弥生時代の集落遺跡である登呂遺跡の話題で持ちきりになっていた。すでに戦前に水田跡をはじめとする弥生時代のムラがあることはわかっていたが、戦争も終わり、本格的な調査が行われることになった。昭和二十二年三月「静岡市登呂遺跡調査会」が作られた。発掘開始は同年七月十三日だった。これには後藤も調査の実行委員長で参加することになっていたが、大塚も「発掘がしたいから、どうしても自分も連れて行ってください」と頼んだ。後藤は言った。

「一週間や十日じゃ駄目だよ。一か月とか二か月はいて、長期で参加しないと駄目だよ」

大塚は、困ってしまった。昼間は勤めがある。一か月以上休むわけにはゆかない。日本で最大の発掘になると聞いている。やはりどうしても自分も現場にいたい。そこで知恵を巡らした。もう病欠しか方法はない。大塚は子供の頃からかかりつけだった病院に行った。

困り果てた院長が書いた診断書は「重度の神経衰弱症により、長期の転地療養を必要とす」という文面だった。

大塚は長期休暇をもらうと、すぐに登呂に向かった。

生まれて初めての発掘は、ひたすら粘土層の土を掘る作業だった。一メートルから一・五メートルも掘るので、屈強な学生たちもたちまち音を上げた。

ところが大塚は上海での捕虜生活で重労働をさせられ、しょっちゅうスコップで穴を掘っていたため お手のものだった。モッコで土を担ぐのも手馴れている。若者の中で一人だけイキのいいのがいたので、ある先生が声をかけてくれた。

「君は何という名前だ」

「明治の二年の大塚です」

後藤もやって来て、褒めてくれた。

「君は体が小さいわりに、いい腰つきをしている」

天下の考古学者後藤守一に認められ、天にも昇らんばかりに嬉しかった。

「労働作業が上手ということが考古学をやることとは関係ないけど、褒められたら俺でも考古学できると自信になるわけです。それで特許庁も辞めてきちんと考古学を学ばなきゃいけないと考えたのですね」

このとき大塚の耳に斬新に響いたのは〝トレンチ〟という言葉だった。トレンチは試し掘りの溝のことだが、おそらく戦前戦中には、トレンチという言葉は使わなかったのではないかと述べている。

「戦後の言葉、という感じがしましたね」

大塚は言う。

後に彼が考古学エレジーを知ったときである。彼は「明治では大流行したわけではなかったから、聞いたのはいつだったかははっきりと思い出せないが、國學院の学生諸君が一杯飲むとよく歌っていましたね」と回顧した。その一節に彼はぴんとくるものを感じる。

　どうせ叶わぬ恋ならば　トレンチ掘ってあきらめよ

　この歌詞を見ると、大塚はトレンチという言葉を知ったときの驚き、ときめきを思い出す。彼が、登呂の広々とした遺跡に立ち、弥生人の集落跡を見るにつけ、改めて意識したのが、自分がこれまで教わった建国の歴史が嘘だったということだった。

　大塚は専門部を終了すると、育英資金をもらって大学の三年に編入した。ちょうど学制改革が行われ、明治大学は新制の大学になった。

　登呂遺跡の発掘は昭和二十五年まで続くが、初年度は七月十三日から八月六日、八月八日から同二十七日と二区分に分けて実施された。明治、早稲田、國學院、法政、日大、東京高等師範（現・筑波大学）、静岡一師（現・静岡大学）、東大、静岡市内の中学生などなどから学生が参加し、調査隊は総勢で五十名ほどになった。

登呂で芽生えた恋心

大塚は二年目から発掘部隊の書記を任された。発掘ぶりが後藤の目に留まったためである。マネージャー的な役割を担ったのである。

宿舎も手狭な牧牛寺から中駿女子商業（現・静岡女子高等学校）の寄宿舎に変わった。

大塚は全発掘隊員の食事の手配、専売局に煙草を買いに行ったりした。配給の時代だから、品を揃えるのは難しかった。煙草は一人一日一本。土曜日の夜の食事のとき、七本まとめてテーブルに置いた。

やがて明治大学、國學院大學だけでなく、東京大学、東京女子大学、日本女子大学、実践女子大学など多くの学生も調査にやって来た。

ある日、大塚が配膳をしていると、実践女子大学の女学生がやって来た。手にはちり紙に包んだ品を持っている。

「すみません、これを東大の〇〇さんにあげてください」

彼は内心、そんなことやってられっかい、自分でやれよ、と思ったが、預かって本人に渡した。学生たちが増えたことで、発掘現場で恋が芽生え始めていた。

戦前は男女同席はなかったから、この光景は大塚には斬新に映った。

発掘現場は、それぞれ大学によって担当区域が決まる。そこでペアを組んだ学生同士の間に情が通う。それもともに遅くまで残って調査を行えば、強い連帯意識も生まれる。

集落跡の担当主任である明治大学の杉原荘介が、何号住居址は東大の何君と実践女子大の何さん、と割り振りを決めてゆく。

大塚は言う。

「九州に台風が近づいているとニュースが入ります。静岡地方には明日台風の影響が現れると。どうしても今晩中に、何号住居址はあらかた発掘を上げておきなさいとなるわけです。明日の朝にそこを清掃して写真撮影をして図面を取る段階まで済ませたい。雨が降るまでに終わらせたい。そういう指令があるのです」

その住居址の担当の学生たちは懐中電灯を灯しながら、夜も掘ることになる。女子学生がスコップを受け取り、先についた粘土を払う。また掘る。また払う。そのたびに目と目が合う。その繰り返しの中、一息つくと、女子学生がラムネを買ってきたり、煎餅を持って来る。そのとき地面に腰かけて青い月夜を見ながら、しみじみとした会話が始まる。

「〇〇さんは戦争に行かれたんですか。おつらかったでしょうね」

発掘現場は、都会の喧騒とはほど遠く、平野一面静寂である。数キロ四方に人はいない。遺跡にたった三人、四人という日もあった。

「僕たちだけで今二千年前の住居を清掃してるんだ」

そんなロマンの中で、特別な感情が生まれた。

ときに先生と一緒にカストリ焼酎を飲む日もある。学生は酔って友人に叫ぶ。

「許されるなら実践女子大の何とかさんに愛という言葉を捧げたい」

相手は満州鉄道総裁の令嬢。まさに「良家のお嬢さん」だった。

「そりゃいくらあがいても無理だよ。お前は庶民のせがれなんだから」

まだ学生は純粋であった。だがこの発掘を機会に、愛を成就し、結婚した考古学者もいた。友情も強まった。

酒を飲むにしてもカストリ焼酎の量は決まっている。酔いたいために、浴衣をはしょって鼻をつまんで、宿舎の庭を走った。そうすれば少量でも酔いが回る。東大、早稲田大、明治大、國學院大、法政大の学生たち三十人ほどが酔っぱらって入り乱れて走った。

「この頃はチューハイとかないし、飲めればいいから何でもよかったんです。僕らはひと皮もふた皮もむけた人間の生きざまというかね、互いに悪びれることもなく、大学ごとにかっこつけることもなかった。昼間はぎんぎらぎんの太陽の下でともに掘るわけで、同じ登呂の発掘をするという共通の目的で集まり、掘ったことは、とても僕らの人生に大きかったですね」

登呂遺跡の発掘は考古学徒にも多くのドラマを見せてくれたのだった。

登呂遺跡では多くの唄が生まれた。「登呂小唄」が歌われたのもこの頃である。

ここで別れちゃ未練が残る　せめて静岡駅前までも送りましょうか　送られましょうか
登呂で芽生えた恋心
ポール片手にわが手を添えて　引いたテープに心も通う　せめて見せたいあの子のために
登呂で芽生えた恋心

東大生によって作られたと言われている。

登呂遺跡の調査から後に日本の考古学界を背負って立つ人材が輩出された。大塚のほかに、早稲田大学の桜井清彦、縄文土器の研究で知られる岡本勇、國學院大學教授の永峯光一、同じく教鞭を執った小出義治らがいた。

彼らとは登呂遺跡を離れても、千葉県加曽利貝塚、堀之内貝塚などをともに調査した。貝層ばかりでハマグリばかりが出てきて、土がなかった。夜はそのハマグリを取って御汁にして食べた。加曽利貝塚ではシジミの味噌汁を作った。

「四千年前の貝ですけど、今だったらばい菌とか問題になるでしょうが、私たちは作って食べましたよ。たしかに貝の匂いがしたような気がします。もう学閥も大学の系統も関係なく仲がよかった」

大塚は苦笑した。

後に大塚が明治大学で教鞭を執ってからの話である。

昭和四十年代半ば、大塚は明治大学の副学生部長の役職に就いていた。まだ大学紛争が盛んなときだった。このとき登呂で発掘をともにした早稲田大学の滝口宏先生から電話があった。

「急用ですか」

と聞く大塚に、

「だいぶ学生にやられて消耗していると噂を聞いてね」

その教授は早稲田で学生部長の経験があり苦労もしていた。彼は大塚に言った。

「君ね、大学に行くとき、背広のポケットに鰹節を削ったの入れておきなさい。小さな袋に入れて売ってあるから、あれを買うんですよ」

大塚が意味をわかりかねていると、彼は付け加えた。

「もしヘルメットの学生部隊に捕まって、軟禁されたらね、鰹節を食うのですよ。水飲んで食べれば、まず二昼夜持つ」

彼のアドバイスに大塚は助けられた。

「登呂で一緒に苦労した先生方、学生さんはお互い道は違っていてもね、一緒に飲んで唄も歌って、共通の思いが生きていますね」

大塚は回想する。登呂遺跡を通して生まれた連帯だった。

そんな考古学徒の強い絆だが、これが変わってきたのはいつからだったのか。それは考古学エレジーが歌われなくなったことにも根底で通じる。

大塚は昭和三十五年、西暦で言えば一九六〇年代から変化が起こったという。それは池田勇人の「所得倍増」のスローガンによる経済の高度成長政策であった。さらに田中角栄の「日本列島改造」などにより、日本各地でニュータウン建設、新幹線の開通、高速道路の建設、大型ダム建設など工事ラッシュが始まった。

「開発は今日の生活の豊かさのもとになっていますが、どれくらいの古代遺跡が壊されたかということです。僕らはずいぶん対応して掘って掘りまくったけれども、闇から闇で壊された遺跡がたくさんあると思うのです。そういう中で、日本の考古学という学問自体の在り方ががらっと変わってしまったのですよ」

いわゆる学術調査主体の発掘から、開発のための緊急発掘、受益者負担の発掘への転換である。調査後、遺跡の多くが消滅する運命を辿った。受益者負担という原則から、発掘費用は開発側が負担する。調査員への日当も出る。ただし、開発側は早く工事を始めたいから、十分な調査期間は取れない。広大な遺跡であればなおさらだ。

「札束を積まれてどこどこの何万平米の遺跡を半年で掘ってくれと言われるわけです。そういう体制になると、〝青い月夜のトレンチで〟と焼酎を飲んで、心を曝け出して、人間と人間の魂がぶつかり合うような、男と女の魂がぶつかり合う、そんなロマンがすっ飛んじゃったのですよ」

時間に追われる調査の中で、唄が消えていった。

もう一点は、学生たちを取り巻く環境の変化だ。

あるとき一杯飲んで肩組んで歌おうとしたら、学生が「鉄腕アトム」の主題歌を歌いだした。そのとき学生は言った。

「先生、ご存じないんですか？　テレビのアトムですよ」

このとき世の中が変わってきたと、大塚は感じた。やがて唄は皆で肩組んでというスタイルから、カラオケへと変わる。かつての発掘現場では酒を飲んで福島民謡の「会津磐梯山」や信濃民謡「木曽節」を教師と歌った。今は教師と学生が一緒に歌うこともなくなった。

大塚が明治大学で考古学を学び始めた頃である。大学の先輩たちは彼にこう諭した。

「お前ら考古学やっていても駄目だよ。飯が食えないよ」

その後に関西大学の末永雅雄、そして明治の杉原荘介の例を挙げた。末永は大阪の狭山池の水を代々コントロールする家柄で、中世以来の名門の出身だった。杉原は日本橋の和紙問屋の跡取りであった。

「皆、いい家の者ばっかりなんだ。ふつうは考古学やると財産つぶすよ。それがこの世界の常道なのだよ」

それは大塚だけに限らず、当時考古学を志すものは大概がそう言われた言葉だった。それでもあえてこの道を進んだのは、やはり考古学が好きでたまらなかったからだ。大塚は今でも印象に残る光景を思い出すことがある。

大塚がまだ若かった頃である。

昭和三十年に河出書房から全七巻の『日本考古学講座』が刊行された。一巻が「考古学研究法」、二巻が「考古学研究の歴史と現状」で、三巻から順次、縄文文化、弥生文化、古墳文化、歴史時代（古代）、歴史時代（中・近世）と分かれた、日本で初めての本格的な講座であった。

大塚が、恩師後藤守一のいる埼玉県秩父市の古墳の発掘に参加しているときだった。調査をしていると大勢の高校の郷土研究部の生徒が見学に来た。秩父高校、飯能高校など埼玉県の高校だったが、皆手には『日本考古学講座』の「古墳文化」の巻を脇に持っていた。

高校の郷土研究部の活躍はすでに触れたが、北海道の札幌西高校、静岡県藤枝東高校など各地の名門高校の部長クラスが、明治に入学してきた。

「郷土研究部で猛烈にやっている人たちが入ってくるわけです。戦争に負けてから、考古学に光が当たって、すごく注目されたのですよ」

その中から多くの卒業生が大学の教壇に立つ研究者になった。

考古学上の発見が喝采を浴びるようになると、マスコミ報道が過熱し、日本最大の遺跡、日本最古の遺跡、栃木県最古、戦後最大の発見など、過剰な表現が見出しを飾るようになった。テレビが普及すると、世間へのインパクトはさらに強くなった。マスコミに操られたかのように考古学界も手柄合戦の様相を呈し、本来目指すべき方向から違ってきてしまった。その行き着く先が平成十二年の旧石器捏造事件を生んでしまった。

考古学が目指すべき方向とは、大塚の言う戦前の皇国史観から脱却し、正しく、科学的に歴史を学ぶということである。

「僕らが学生のときは、お金で豊かな生活なんか望みもしないし、栄耀栄華を極めようとも思わなかった。皆、純粋に素朴に学問世界にロマンを求めて、ひたすら考古学をやりたいという連中ばかりでしたよ」

大塚は九十歳を越えたが、現在も著作を刊行している。じつにエネルギッシュだ。彼は学界の変遷を俯瞰して語った。

「たとえば、新しい見解が生まれたときに、学界にアカデミックなきちんとした分析で発表する前に、テレビや新聞に先に発表する傾向があります。まだ日本の考古学界はそういうやり方が続いている。自分たちのやっている考古学はすごいのだぞ、という気持ちがありすぎるようにも思うのですね。そういう学問の在り方は、考古学界の将来の発展に繋がるのかどうか、本当に心配しています。考古学の本質に戻ってほしいと思います」

人間の営みを考古学的な手法で明らかにしてゆくことが、考古学の目的であり、意義であろう。だが旧石器捏造事件のように、あまりにも自分たちのやっている考古学はすごいのだという過信が強くなれば、学問の本義から大きく逸脱してしまう。

「ずいぶん進歩したことは事実だし、自然科学の分析でもいろんなことがわかってきた。だけど謙虚さが足らないのではないか。学問に携わる人間の心や姿勢にゆるみがあるというか、甘さがあるというか、上手く言えないが素朴な心がない」

大塚は言葉を選びながら、ゆっくりと、途切れ途切れに語った。言い終わった後、彼は遠くを見るように呟いた。

「僕らは本当に好きで、本当に明らかにしたくてやったんだけどね。食うためにやるという考古学はどうなのかなとも思いますね」

今、私たちは日本考古学界の最大の重鎮の言葉に耳を澄まし、心を澄まして、聞き入るときに来ている。

友情――七田忠志と江藤千萬樹

「考古学エレジー」を歌うたびに、森本六爾とともに脳裏から離れない人物がいる。それは昭和二十年に沖縄本島の摩文仁で玉砕、戦死した江藤千萬樹である。江藤のことは、高校時代に読んだ藤森栄一の『かもしかみち以後』（学生社）で知った。

前途を嘱望された考古学徒であった江藤は、戦中の國學院大學の上代文化研究会の中心的存在だった。大正六年にアメリカで生を受けた彼は、アメリカの市民権も持ち、クリスチャンでもあった。洗礼名はダビデ。帰国してから旧制沼津中学を経て昭和十年に國學院大學予科国史科に入学する。彼は大学在学時を中心に六年間で約二十編の論文を発表した。これは江藤の若い年齢からしても、膨大で、しかも早熟した学徒と呼ぶべきであろう。

そんな彼は志半ばの、二十九歳で戦死した。江藤は藤森栄一とも親しく、彼の著作によく登場するが、江藤のことを知るたびに、いつか彼のことを書き残したいという思いが強くなった。だが時代は平成も二十年をとっくに超え、脳裏に江藤がありながら、証言者も見つからず、時だけが過ぎていった。

平成二十六年十二月に佐賀城本丸歴史館館長の七田忠昭に会った。七田は佐賀県教育委員会に勤務していたとき、吉野ヶ里遺跡を発掘した人として知られている。昭和二十七年生まれ、國學院大學卒業だから江藤の後輩にあたる。『吉野ヶ里遺跡』（同成社）、『吉野ヶ里遺跡――「魏志倭人伝」の世界』（読売新聞社）などの著作もある。

七田の父親である七田忠志も考古学者だった。長年高校の教師を務めながら、遺跡の調査に従事し、吉野ヶ里遺跡も戦前に発見し学界報告していた。その父から、中学生のときに薦められて読んだのが、藤森栄一の『かもしかみち』だった。専門書の中で、藤森の美しいロマンチックな文章に彼は魅せられた。

「子供の頃から父と一緒に遺跡を見て回りました。父に拾った土器を見せると、自分で調べなさいと言うのです。図鑑で見ても、どこか文が機械的な説明で味気なかった。でも『かもしかみち』を読んだとき、初めて人間的な目線の文章に出会ったんです。もう感動して、考古学は楽しいなと思ったのです」

父の忠志も戦前に國學院大學を卒業していた。

とすれば、忠志と江藤は学窓で交わっていないか、私の脳裏にそんな空想が過った。そのことを聞くと、七田は言った。

「父は、大学の上代文化研究会で一緒に活動し、また森本六爾の東京考古学会で活動していましたので、その縁で、江藤さんとも親しかったですね。確か江藤さんの一期上が父だったと思います」

嘱望されながら戦死した江藤千萬樹。机には高峰三枝子の写真が飾られている

ここに森本六爾、七田忠志、江藤千萬樹と三人の関係が線で繋がった。その中でも江藤はとくに七田を兄のように慕っており、たびたび手紙のやりとりをする間柄だった。

その後、江藤千萬樹の論文集が沼津市教育委員会から平成二十一年に刊行されていたことを知った。彼の令妹も健在とわかった。ここから一気に江藤の存在へ向かって加速した。

江藤の父親秀作は日本で近代的な農業技術を学び、その理論を生かすためにアメリカのワシントン州シアトルの近くのヤキマへ渡った。母くにとは、一回の見合いで結婚し、秀作に遅れて渡米した。そこで江藤は生を受けた。

江藤は、アメリカ在住時に父の農作業の合間に、土手に出かけて、土器のかけらを見つけたらしい。それがインディアンの使ったものだったのか、はっきりしないが、母親に聞くと、母は丁寧に土器というものを教えてくれた。それが考古学への芽生えだった。

やがて母のくにが、子供たちを日本で教育させたいと願い、弟、妹とともに江藤が六歳のときに帰国した。江藤は幼少時は母が作ってくれたアイスクリームを食べ、クリスマスになるとローストチキンを作ってもらった。西洋的な環境は沼津に来ても変わらなかった。母親はアメリカでコックをしていたインディアンから料理を習っていたのである。幼少時、チーズなど乳製品を食べて育った彼は、筋骨がしっかりした青年に育っていく。

江藤は旧制沼津中学に進むと、自ら歴史研究部を作り、五年生のときには「沼津近郊に於ける縄文式石器時代概論」を書き、学友誌に掲載された。西洋の原書まで参考にして書いた論文であった。

昭和十年、江藤は國學院大學予科国史科に入学する。彼は大学内にあった上代文化研究会に属し、そこを活動の場とした。この会は大正十三年に鳥居龍蔵が会長となって作られたものだが、学部や学科を問わず広く人材が集まった点に特色があった。そこに七田忠志がいた。この会を通して江藤は七田と親しくなった。

七田は大正元年佐賀県生まれで、江藤とは五年の年の差がある。ただ彼は昭和七年に幹部候補生として歩兵第二十四連隊に入隊していた。

「父は陸軍幹部候補生を満期除隊後に國學院大學高等師範部に入学しました。江藤さんより五歳上ですが、江藤さんは一学年下の後輩です。軍事教練のときは軍曹が来るんですが、父が教練の先生より位が上で教練もかっこよかった。それが江藤さんにはまぶしく見えたのですね」

七田忠志の許に残されている江藤からの書簡は、昭和

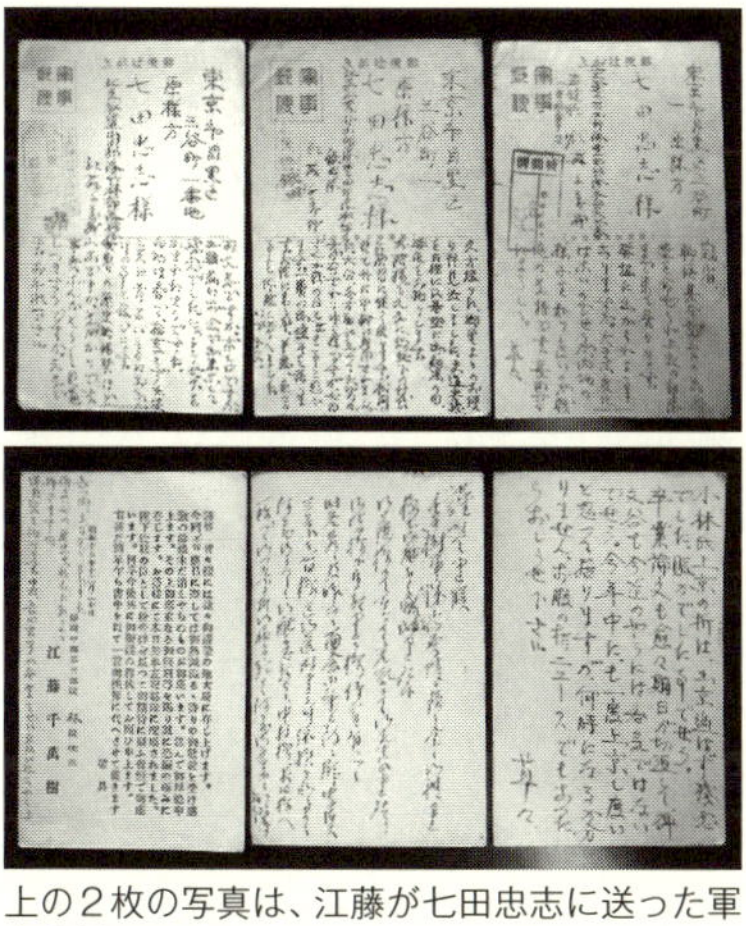
上の２枚の写真は、江藤が七田忠志に送った軍事郵便

十一年二月二十九日付が最初である。このとき彼は一年生。江藤は住所を知らせるハガキを送っている。江藤は目黒区上目黒に住み、七田は目黒区三谷町に住んでいる。住まいは近い。

昭和十年十二月十五日に江藤は「駿河に於ける古式縄紋土器――概報――」を『上代文化』に発表した。これが学術誌に掲載された最初の論文だが、森本六爾の主宰する東京考古学会の『考古学評論』第一巻第二号にも掲載された。東京考古学会は正式な機関誌『考古学』以外に、不定期刊行雑誌として『考古学評論』を昭和九年から発行していた。七田はすでに東京考古学会にいたので、彼の影響で東京考古学会に入会したとも思われる。

小林行雄も激賞した論文

四月になって江藤が二年生になると、乙益重隆（のち國學院大學教授）が熊本の人吉中学から入学してきた。十一年十二月の二十五日から二十九日まで、乙益や沼津中学時代からの友人で、同じ國學院大學の長田実たちと静岡周辺を踏査している。

七田には〈磨り石の多いのには驚きました、他に伊豆で一個所、駿河で一個所の面白い古式縄紋式遺跡を発見しました。軽井沢と駿河発見の遺跡は資料の点も豊ですし報告でも出来そうです〉とハガキを送っている。

軽井沢というのは、田方郡函南村軽井沢の笹ケ窪遺跡（※1）であろう。このとき発見した遺跡は駿河国駿東郡金岡村岡一色字清水柳の清水柳遺跡（※2）だと思われる。

北伊豆一円も歩き回った彼らは足が重くなりながらも山道を歩いた。このとき疲労困憊して口もきけなかった彼らは、乙益重隆の吹く叙情的なハーモニカの曲に励まされ、行軍を続けた。金岡村に着いたとき、地元の人から遺跡の存在を知らされた。それが清水柳遺跡であるが、トレンチを入れ、土器のほかに黒曜石の石器も採集した。

この調査は東京考古学会の『考古学』第十巻第五号に長田との共著で「北伊豆に於ける古式縄紋式遺跡調査報告書――伊豆半島前期縄紋式文化の研究　第二報」と題して昭和十四年に発表された。以後も江藤は夏休みなど長期休暇のたびに、仲間たちを連れて実家に帰省し、伊豆方面を踏査して行くのだった。

彼は北伊豆や富士山麓を回って、乙益をハーモニカのラッパ卒にして、長田実たちと丘から丘へ歩いた。多くの縄文時代早期の遺跡を発見したという。これらの発見は、静岡県の古代文化研究の基礎を作った。

「兄は夏休みになると大勢の仲間を連れて帰ってくるのです。朝早くからリュックをしょって編み上げの長い靴ですね、それと折り畳みのシャベルを持って伊豆半島を仲間と歩くんですね。夕方遅く帰ってきました」

妹の橋本侑子はその光景を記憶している。出かける前日は夜遅くまでミーティングをする声が聞こえた。

彼女はまだ幼稚園生だったが、兄から新聞紙を廊下に広げて並べるように言われた。江藤はバケツに水を入れて土器を洗うと、新聞紙の上で乾かした。

夏には皆で駿河湾を望む千本松原の海岸に泳ぎに行くときもあった。

もう一つの記憶は論文を書く兄の真剣な表情である。机に向かって論文を書くとき、傍に石錘があった。江藤は妹の侑子に「これで魚を獲るんだよ」と教えてくれた。

江藤の論文は、東京考古学会の仲間からも一目置かれており、同人の小林行雄（のち京都大学名誉教授）は、七田宛のハガキで江藤に触れている。

＜「上代文化」よく出来てうれしく思います。塩川、江藤両君のものについては、そのうちに詳しい批評を書いて貴方に送りましょう。努力を賞す＞

期日が昭和十一年十月となっていることから、江藤の論文は十月に刊行された『上代文化』第十四輯の「静岡縣東部地方に於ける彌生式文化」のことであろう。

彼が昭和十二年に『考古学』第八巻第六号に書いた「駿河矢崎の弥生式遺跡調査略報」、その後『上代文化』に発表された「矢崎遺跡予察」は南関東と濃尾平野までを文化として繋げて論じ、今日の研究の土台となった。

またしても小林行雄は述べる。

〈江藤君の原稿を巻頭にした五月号もやがて出来上りませう。次号にもまた同君の矢崎をのせます。この所、上代文化研究会総進出の有様、結構です〉（昭和十二年五月二十日、小林から七田への書簡）

矢崎とは、駿河の矢崎遺跡。小林が編集したのは、東京考古学会の機関誌『考古学』だ。

ときおり小林からは〈江藤君のも待って居ます〉という一文もあり、大きな期待が寄せられていた。

病気に苦しむ

じつは江藤は二年生のときに北伊豆を仲間と踏査した後、無理が祟って右足が慢性大腿骨骨髄炎瘻孔になってしまった。医者からは一年間の安静を命じられ、移動することを禁じられた。このとき江藤も弱気になり、七田に心情を吐露している。

〈もう私は考古学者の生命野外活動を失って、今後如何なる方法で考古学を続けようかと考へております〉（昭和十二年一月二十三日）

このとき七田は励ましの手紙を送り、それが江藤の挫けそうになる心を支えた。

江藤は「私のもっとも敬愛する七田さん」と呼び、

〈親身切々として胸に迫るお手紙を頂いて感涙にむせびました。七田さんが此んなつまらぬ私の為此んなにまで思って下さるかと思ひますと感謝の言葉もありません〉

この書き出しで始まる一文は、七田に対する尊敬の思いを表したものである。そこには上代文化のために微力を尽くしたいということ、養生第一に努め、一日も早く上京したいことが書かれてある。

＜又、七田様には私の為　各方面に御努力を贈つてゐる由、受たまはりまして何と感謝申してよいか分かりません……又、私の進級の為、色々とご尽力を頂き何とお礼を申してよいやら分かりません＞

小林行雄も七田宛のハガキで、江藤を案じた。

＜江藤君の病気は何と言ってよいか、誠に御気毒なことです。一体どうして、そんな事になつたのでせう。江藤君も苦しんで苦しみのうちにいゝ魂を発見されるとよいが。森本さん（著者註・森本六爾のこと）の様に無理をせぬ様にと念じます＞

とある。

幸い、江藤の体は順調に回復し、追試験も受け、進級することができた。

七田は昭和十三年に卒業後、後に東京府立第一商業学校の教師となる。二人の書簡のやりとりは続いてゆくことになる。

江藤の周辺でも徐々に戦争の匂いがしていた。日中間は、険悪な雰囲気になっていたが、昭和十二年七月に北京郊外の盧溝橋で日中両軍が激突し、ついに両軍は戦火を交えることになってしまった。この頃江藤は東京の街の光景を書き残している。

＜千人針、召集の人の目標指示ポスターの東京市内の各所に散見する今日、緊張する物を覚えます＞（七月十七日付）

一方で相模国分寺に見学に行ったときは、寺の娘の美しさに見とれ、仲間の丸茂武重が恋愛結婚することを知り羨ましく思ったことを七田に綴っている。

＜東京は昨夜来た雨があがって宵の素晴らしさは格別です。雨上がりの都会の宵の美しさは実にいゝと思ひます＞（十三年六月二十五日）

江藤のロマンチストの一面である。

八月二十八日に京都に七田とともに旅行する予定になっていた。それまでに江藤は静岡市、富士川の上流、甲州路、奥伊豆を渾身巡っていたが、発熱してしまったのである。このとき七田にはこう書いている。

＜あれ位、まちにまった、西下が駄目で泣きそうです。肉体をけとばす事が出来ても、制止する母を私は振り切れません＞（八月二十五日付）

いかに七田を慕っていたかが伝わる文書である。家で母親とかなりの激しいやりとりがあったのだろう。

彼が藤森栄一と知り合ったのもこの年だった。当時大阪にいた藤森に江藤は長い手紙を送った。論文のようでもあり、小包で送られてきたという。要は藤森の論文に感銘し、弟子にしてほしいという趣旨だった。その年の暮れ、江藤は大阪にやって来た。以後たびたび来たが、藤森はこう記す。

〈江藤がくるということは、かれ以下、つまり当時、勃興の一路にあった國學院大學の上代文化研究会の大部隊がくるということと同じことであった〉（『かもしかみち以後』）

森本六爾は昭和十一年に死去し、東京考古学会の本部は大阪市阿倍野の坪井良平の自宅にあった。二十二歳の江藤は京都で、坪井良平、小林行雄、杉原荘介、吉田富夫、藤沢一夫ら主要なメンバーと懇談し、非常に感激して帰京した。

このとき七田に宛てたハガキ。

〈一月二日夕刻、杉原氏と途中、吉田氏を加えて京都へ着きますが、大兄には如何せられますか。杉原氏の談ですと四日迄、会合があると言はれましたが。乙益君はどうするのでせうか。御伺い申し上げます〉（十二月三十日付）

江藤は七田とともに行きたかったのだろう。

江藤は酒詰仲男が組織する「貝塚研究会」の会員でもあった。昭和十三年には機関誌『貝塚』が刊行された。江藤はその会での実力者でもあった。この縁の始まりは、千葉県木更津付近の清川村にある菅生低湿地遺跡（※3）の調査だった。酒詰が國學院大學の学生を指揮して調査したとき、江藤もいたのである。そこから貝塚研究会には七田、江藤、長田、乙益など上代文化研究会の会員たちも入っていた。七田が卒業した後、江藤は上代文化研究会のリーダーになった。

やがて貝塚研究会は東京考古学会と合併する。

そんな江藤の活躍ぶりは、藤森栄一の『かもしかみち以後』に活写されているが、当時目黒に住んでいた藤森栄一のアパートにもやって来た。藤森は大阪から東京へ転居していたのである。江藤は、上代文化研究会の仲間を連れて、「スキヤキを食わしてくれ」と藤森の妻に頼みに来た。手にはどこで引き抜いて来たのか大量のネギがあった。江藤は当時で言えばかなりの長身で二枚目である。厚手の外套を着て、髪を後ろにかき上げていた。

彼の口癖は酔うと現れた。

「僕はアメリカ市民権を持っていたのです。クリスチャンネームもあります。ダビデ・チマキ・エトウです」

発掘に行けば「これでもか！」と元気よく掘り、猛者ぶりを発揮するのが江藤だった。

戦争の空気

昭和十五年三月、江藤は國學院大學を卒業し、東調布高等女学校の教師になる。

妹の侑子は語る。

「母から聞いた話ですが、兄は身長が一八〇センチ近くありました。アメリカの食生活で小さい頃育っていたので、スタイルもよかったのですよ。女学生から見ると美男子で、もうモテて、ワイシャツやら食事まで女学生が下宿に届けてくれたそうです。一緒に写真館でお嬢さんと写真を撮ったりもしたようです」

この頃だった。先輩である佐藤民雄が少尉として出征することになった。上代文化のメンバーが佐藤を見送ったが、ちょうど敬礼をしないで通り過ぎた二等兵がいた。佐藤はすぐに追いかけて二等兵の頬を激しく叩いた。このとき江藤は横を向き、悲しい顔をしていたという。藤森栄一もいたが、彼が江藤を見た最後であった。

その年の夏、両親の強い希望で、帰郷することになった。彼にも間もなく兵役への通知が来るはずだ。そのために一時でもいいから親の傍にいてほしいというのが母親くにの願いだった。江藤は考古学を学ぶためには東京を離れたくなかった。東京には仲間がいる。研究会もある。研究するにも多くの図書、資料がある。東京がいいに決まっている。

「兄はすごく嫌だったらしいです。東京にいたかったのですね。でもアメリカとの戦争になることもわかっていましたし、親孝行でしたから沼津に戻りました」

江藤としては失意の帰郷だった。彼は自分の人生の行き先を悟っていたのか、自分が採集した資料を小林行雄のいる京都大学に寄贈したという。彼は母親の紹介で、沼津女子商業に勤務することになった。そこでは社会科と英語を教えたが、とくに英語の発音はアメリカで育ったため上手で、生徒にも評判だった。英語のテキストの最初の文字は、「spring has come!」である。

江藤の流暢な読みに、生徒は驚いた。以来、彼にニックネームがついた。〝スプリング先生〟……と。だが彼の内心は忸怩たるものがあった。沼津に戻って、赴任してすぐに七田に綴っている。

＜苦い人生の味をぐつと噛みしめてゐます。今更の如く、田舎の人々、生活とか如何に眠ってゐるか痛感しました。幻滅は幻滅として大いに在任中、でも眠れる生徒たちを覚醒させようと力んでゐます。その歴史の時間もたった四時間しかないのです＞（十五年九月五日）

ときに土日を利用して、上京もした。もういたたまれない、という気持ちだった。

九月下旬には連休を利用して上京の予定だったが、運動会の繰り上げ練習のため叶わなかった。半月ほど深く考えるところはあったが、考古学の仕事ははかどらなかった。

＜カードを作ったり、資料ノートを作ったりする仕事には田舎はよいかも知れませんが、少しでも野心的な勉強になると全然駄目です＞（九月二十六日）

先の先といった生活を全然考える余裕がないとも語っている。江藤は東京へ生活の場を戻すことを考え始めた。両親とも意見の応酬があった。

＜両親は兵隊にゆく迄現在の処に我慢して居れと言ひますが、私には、これ以上耐へられません＞

（十一月十九日）

都内の高等女学校へ伝手を頼り、転職を思いながら、春まで待とうと思案もしていた。江藤が沼津に戻ってからのことである。フィールドワークで、後に登呂遺跡が見つかる場所にも行っている。静岡市駿河区登呂がその地である。仲間と一緒に日曜日にその場所に行くと、葦が生えている湿地帯だった。財閥系企業の土地になっていたが、中に入り掘っていくと、木片が出てきた。

「大きな遺跡だと思われるから、俺が出征した後、皆で掘ってくれよ」

そう言い残したのだという。

登呂遺跡は昭和十八年に正式に存在が確認され、このとき飛行機工場の建設工事中であった。研究者たちは、登呂のことは、遺跡の規模の大小はともかく気づいていたのだろう。

そんな中、年内に上京したいと七田にハガキを送った矢先、彼に出征の通知が届いた。

十二月二十日、静岡県中部第三部隊　林隊四班に配属されることが決まったのである。

江藤の上京は叶わなくなった。

出征の通知が来たとき、江藤は髪の毛と爪を切って、桐の箱に入れた。母と対面しながらも終始無言だったが、最後に「よろしくお願いします」とだけ言って渡した。

妹の侑子は言う。

「ずっと無言でした。もう帰りません、戦死してきますという意味だったのでしょう」

アメリカ育ちの一家は、アメリカの豊富な物資や国力を体で知っていた。神風が吹くと世間で言っているときに、江藤も両親も冷静に時局を見る目を持っていた。

「この戦争は負ける」

だが口にはできなかった。

印刷された文字ではあるが、出征報告の文面には、

〈陛下股肱の臣として粉骨砕身以つてご期待に福ふ覚悟で御座います〉

〈碑文谷の歴史も新たに創られてゆきますね〉と一筆添えられている。階級は歩兵少尉であった。

上代研究会の仲間は目黒に住んでいたので、地名を取って「碑文谷クラブ」と呼ばれていたのである。

入隊して一か月近く、教練も激しさを増し、〈全く気力の問題です〉と書いている。そして幹部候補生に志願している。その理由を〈これは軍隊生活に多少とも関れた者のみが理解出来るものでせう〉とある。彼なりに期するところがあったのだろう。

昭和十六年三月二十五日、北支派遣軍に配属される。

この頃、七田は目黒区三谷町にいたが、北支から江藤はたびたびハガキを送っている。軍事郵便で、すべてに「検閲済」という赤い印が押してある。そこでは〈発掘に行かれますか?·内地の様子を知りたいです〉〈世界の歴史的情勢はどんなですか。気がかりです〉など日本の様子が気になっているのがわかる。

この後、七田に宛てた手紙はない。

やがて江藤に沖縄行きの命令が下る。この頃、北支で足を悪くして入院していたが、断ることができなかった。戦局も日本に急速に不利になってゆく。このとき沖縄に行くことは二度と帰ってこられないことを意味した。

江藤はアメリカに愛着を持っていた。

「アメリカ人はいい人ばかりなんだよ」

そう語ることも多かった。かつてアメリカの市民権を持っていた彼にとって、アメリカ人は同胞である。彼らと戦わなければならないことにいかばかりの葛藤があったことだろう。

妹の侑子は語る。

「アメリカの市民権を持っていたと言えば、そう簡単に相手も殺したりはしないんじゃないかとも思いました。ただ隊の隊長でもあったわけですから、最後は日本軍人として生きてゆこうとしたのでしょう」

妹の侑子のもとには、兄から来た一枚のハガキがある。じつは江藤からの手紙は多くあったが、ある事情があって処分されていた。それは終戦のとき、流言が飛び交い、兵隊のいた家とわかると米軍に連れてゆかれるという噂があったためだった。そのため江藤の手紙は家ですぐに焼かれてしまった。だが侑子は女学校のときにもらったハガキを隠して今日まで持っていた。

アメリカ軍を意識してか、差出人の部分を赤鉛筆で塗りつぶし、それでも消えないので、小刀で紙面を削った。したがってそこに江藤の名前はない。いつ、どこから送られたのかも不明である。裏面には男の子の赤ちゃんの絵が和田三造によって描かれ〈イナイヽバー〉とある。表には、こうある。

〈副級長になつたさうですね。お目出度う。

二学期は級長になるやうもつとヽ勉強しませうね。

家も少しは淋しくなつたでせうが愛ちやんの様に朗かに致しませう。お兄さんも元気です。手紙を下さい。〉

江藤は沖縄でどのような日々を過ごしたのか、詳らかではない。ただわかっているのは、昭和二十年四月四日に左耳の後ろを撃たれて那覇病院に入院していたことである。大腸炎か赤痢を併発し、衰弱したが、六月になって、

「部隊を引率する隊長がいないので……」

と懇願されて、江藤は病弱のまま病院を出て行軍に続いた。もはや沖縄に逃げ場はなかった。十九日の夜、沖縄本島の摩文仁に着いた。追い詰められ、彼は部下に解散を命じたが、二名だけが江藤と行動をともにすると願った。翌二十日の未明に三人でアメリカ軍に斬り込んで、戦死したという。昭和二十二年四月に江藤家に届けられた戦死公報には「摩文仁に於いて玉砕」とだけ書かれてあった。

白木の箱には江藤の名前を記した紙片札だけが入っていた。

沖縄戦の組織的な戦闘が終了したのは、この日から三日後の六月二十三日だった。

七田が江藤に対して思いを語った言葉は今、見当たらない。ただ昭和十五年九月の『考古学』第十一巻第九号にこんな一文がある。おそらく江藤のことも念頭に置いてのものではなかったか。

〈学界は更に戦争といふ一大嵐に遭遇せねばならなかった。我々の陣営からも幾多の若い学徒を戦場に送つた。測り知れない明日の運命を前にして若い学徒がどれ程苦悩したことか〉（同人言）

藤森栄一は戦後、友人へこう語ったという。

「江藤君は本当に絶望なんでしょうか。私にはいつか、ひょっこり、にこにこと帰ってくるように思われてならない」

戦死の公報が入ったとき、母は家の傍の空き地に、自宅に残った江藤が採集した遺物や資料を埋めたという。

江藤の著作を読むには『江藤千萬樹考古学論集』のほかに、彼が國學院大學の卒業論文として提出した「中部日本古代文化の研究（特に伊豆半島の考古学的研究を中心として）第一・二・三部」が平成二十二年に復刻されている。戦火に散った若い学徒の息吹を感じ取ることができるはずだ。

吉野ヶ里を戦前に学界報告――七田忠志

江藤千萬樹が兄のように慕った七田忠志は、すでに大正時代から吉野ヶ里遺跡の存在を突き止めていたという。大正元年に佐賀県神埼郡比山村（現・神崎市）に生まれた七田は、幼少から考古学に興味を持っていた。吉野ヶ里遺跡は神崎市と神埼郡吉野ヶ里町にまたがった広大な遺跡である。ちょうど自宅は遺跡の付け根の部分にあった。

七田の父は海軍の軍人だったが、退役後、自宅近くで兎などよく狩猟した。そこは現在の吉野ヶ里遺跡のある台地だ。子供の七田がついて行ったが、彼は前方の兎よりも地面ばかり見て、土器を探した。ここで偶然に土器の破片を採集した。大正時代のことである。

すでにこの時期に、七田はこの地に遺跡があることを察知していた。大正時代の末期には地元の文献には見られていた。古賀孝・松尾禎作は、この丘は弥生式丘陵で土器片が多く出ており、住むには都合のいい場所だと「古代肥前の研究」（大正十四年）で述べている。

吉野ヶ里が中央の学界から注目されるようになったのが、七田忠志が昭和九年三月に発表した「佐賀縣戦場ケ谷出土彌生式有紋土器について」（『史前學雜誌』六―二）だった。

戦場ケ谷遺跡は、吉野ヶ里遺跡の北二・五キロにある遺跡だが、この遺跡の報告の中で、周辺の遺跡にも触れ、その中に吉野ヶ里遺跡について記載されている。このとき七田の報告には、〈又、当遺跡の西方たる志波屋吉野ケ里丘陵及びーー三津権現社東側附近には、彌生式合口甕棺包含地を見出し、併せて夥しき彌生式土器・祝部式土器（※4）の破片の附近一帯に散在せるを知る。即ち附近一帯は古代人が相当に文化生活を営んでゐた事実を明らかに知ることが出来よう∨と論じている。

息子の七田忠昭は言う。

「父は吉野ヶ里は大きな遺跡であることがわかっていましたね。全体の図面も作っていましたし、散布している遺物についても記録していました。奈良の唐古遺跡も見ています。唐古を見ながら、この佐賀平野を調べないと北九州の弥生文化はわからないと思ったのですね」

この年（九年）の四月、七田は國學院大學高等師範部に入学する。高等師範部とは中等学校教員の養成を目的とした学部であった（昭和二十六年廃止）。

彼は旧制中学を出て、すぐに大学に入ったわけではない。海軍の父の影響から、昭和七年に幹部候補生として入隊した。満期除隊後に大学進学を決めたのだった。そのため入学時は二十二歳になっていた。

大学時代の彼は口元に髭を蓄え、他の学生とは違った重厚な雰囲気を持っていた。やがて「上代文化研究会」でもリーダー的役割を果たし、後輩に慕われてゆく。

七田にとって東京考古学会の森本六爾の存在は大きかった。

森本から七田へ送られたハガキのもっとも古いものは昭和九年三月十二日付である。これは彼の大学入学前になるから、知己を得たのはかなり早い時期だったと言えそうだ。

七田が上京したとき、森本は前年にミツギ夫人が発病（結核）し、森本の体調も決して芳しいとは言えなかった。その中で弥生時代に本格的な原始農業文化があったことを証明しようと、単行本『日本原始農業』を編著、さらに『日本原始農業新論』も出され、森本自身がテーマに向かって結実されてゆくときだった。

七田はこの年（十年）の七月にも「佐賀縣戦場ヶ谷遺蹟と吉野ヶ里遺蹟について」（『史前学雑誌』六―四）を発表した。

その緒言で、まず彼はこう述べる。

〈北九州彌生式の研究は今一度び考古學研究の處女地帯たる佐賀、長崎縣地方の遺蹟、遺物を研鑽、見返つて、然る後に北九州史前文化の一般を整理すべきものではなからうかと信じるものである〉

そしてこうも述べる。

〈邪馬臺國問題を再考する時、特に吾々は、今後に於ける北九州古代文化研究の重要性は此の地方に與ふ可きものではなからうかと思ふ〉

すでにこの論文中に七田は吉野ヶ里丘陵遺跡分布図も掲載している。このとき吉野ヶ里遺跡は丘陵の末端部分と推定していたが、七田は〈一小部分に過ぎぬと雖も、当地方古代文化の考察上、看過す可らざる重要性を帯びた遺蹟であらう〉と言う。

七田はこの丘陵を踏査し、遺物を採集したが、以下のものを報告している。

・合口甕棺　・大甕と思われる土器片　・メガホンの型をした器台
・刷毛目のある尖底壷型土器（丹が塗ってある）　・丸底湯谷型土器（丹が塗ってある）
・紡錘型土器　・石斧、石包丁、石鏃、石槍の破片
・淡青色の玉（石製品）　・硝子製の青色の玉　・貝輪
などである。七田は、
＜私の一個人の採集遺物によつても、当遺蹟が如何に、権威者による古代文化景観の解明を待ちつゝあるかゞ覗知し得られるであらう＞と結んでいる。
その後も、吉野ヶ里遺跡周辺の遺跡の報告を行ったが、彼の思いは『史前學雑誌』にたびたび述べた一文にあった。
＜背振南麓一帯におびただしく散在する彌生式甕棺遺跡および有明海周縁貝塚群とともにぜひ究明を要するものであり、あわせて今後研究不充分なる肥前地方古代遺跡遺物の解明を諸先生に懇願する次第である＞
七田の主張は切実であった。

森本との交友

七田が國學院大學に入学する直前の昭和九年三月十日に森本から手紙が届いている。ここには土器

の拓本と手紙を送ってもらったお礼とともに、九州に研究旅行するので、七田に会いたい旨を記してある。もし受験などで上京して留守であれば、留守宅で遺物だけでも見せてほしいとも述べている。五月になれば、「慶賀の至りです」と記しながら、佐賀では七田不在であっても、遺物を拝見できたことを喜んだハガキを送っている。

この頃、七田は渋谷区に下宿していた。彼の『史前学雑誌』の「佐賀縣戦場ヶ谷出土彌生式有紋土器について」も森本は丁寧に目を通し、この土器は縄文式土器であること、〈期待致します〉とも言葉を添えている。

七田に対して全幅の信頼を置く、という思いが伝わる。すでに森本の東京考古学会の会員でもあり、たびたび〈御来遊ください〉とのハガキもあって、森本が彼と懇談することを楽しみにしていたようだ。

たとえば、昭和十年の二月の転居の知らせでは、

〈鎌倉駅前から江ノ島行電車で極楽坂下車、約一丁南、火の見側の、茅葺家です〉

と細かく記している。また研究者への紹介状も書いており、森本の律義さも伝わる。

また七田の研究への励ましも欠かさなかった。

彼は大学では民俗学者の折口信夫の講義を受けていた。これを知った森本はすぐに助言を送った。

〈折口氏は、貴学のピカ一と申すも過褒にあらざるべし。考古学も、自然科学的考古学より脱過し、

文化的考古学の日が来るならば、個性的研究も盛え、心――実在を探求する道が一層すすむでありませう。……考古学に民俗学的方法をとり入れよ、これは私がいつも京都の水野君等とよく話すことであります。〉(昭和十年五月十三日)

そして考古学徒としての期待も寄せる。

〈今日、新発見の土器拓本有難く拝受致しました。貴君の御努力今更に嬉しく学界の為一層御奮闘の程祈り申し上げます〉(十年三月二十九日)

七田も森本の好意に応え、彼が療養のために京都の百万遍に転居した折は、見舞いの手紙やお菓子を送っている。さらに京都の地へも足を運んだ。いかに二人が信頼関係にあったかを示すものだ。

とくに手紙の内容には森本は感動したらしく、

〈東の都の香りが、西の都にもたらされたにも比すべき感でした〉(六月十六日)

と書いている。森本は、七田の論文に期待していること、帰省の際に京都に寄られたらどうか、もし奈良の実家にいるときは、小林行雄氏と京都を見て回り、奈良まで来て、石舞台古墳でも見ませんかと誘っている。

お菓子に対しても、

〈結構なお菓子恐れ入りました。柔らかくて甘味ので、楽しくいただいて居ります〉(十年八月二十七日)

と書き、息子の鑑も喜んで食べていると記している。七田の誠実な人柄が垣間見える。

森本は病中にあったにもかかわらず、七田が大学在学時に勤務演習で連隊に応召されたときは、

＜充分、御暑いことだったでせうが、また色々と心身の御鍛錬にも益多かったことと存じ上げます＞（八月十六日）と労ってもいる。

森本からの最後のハガキは、十一年一月十三日に鎌倉市極楽坂に転居した知らせであった。死の十日前であった。一月二十二日、森本は転居先で三十二歳の若さで亡くなった。七田と森本の交友は、決して長い期間ではなかったが、彼の弥生文化への目線は、森本との交わりの中で磨かれたといっても過言ではないだろう。

彼は死期が迫った頃、数多くある手紙から森本のものだけを抜き出し、一冊のスクラップブックに収めた。表題には「偉大な薄幸の考古学者　森本六爾　書簡集」と書かれてあった。

息子の忠昭は語る。

「森本さんのことを父は一番信頼していました。もう全体に影響を受けていると思います」

教師として

七田の研究対象は弥生文化だけでなく、廃寺、縄文など多岐にわたる。その中で異色の論文が、昭和十二年十月に『上代文化』第十五輯に発表した「熊襲（※5）征伐の再吟味」である。これを読んだ

藤森栄一は、〈七田君、上代文化見た。完全に頭を下げた。君はもう戦争に行って死んでも後悔はない。ヒドイ事云ふ奴だなと思ふかも知れぬが　それ程にアノ「クマソ」は優れた仕事だった〉とまで激賞している。

この論文は、熊襲隼人という種族は、とくに政治的イデオロギーを持って日本の為政者に反乱をしたわけでないこと、彼らの慣習などを無視して政治を行ったため、やむなく反乱を起こしたことを述べている。したがって、今後日本が満州や蒙古の非農耕民、台湾の山間民を指導する場合、日本の農耕民の道徳律で臨めば、植民地政策は失敗する。道徳律の制約を検討すべきであると述べている。

また七田は、江藤千萬樹への面倒見のよさに見られるように、後輩たちをよく可愛がり、お世話をした。その一人に九州大学名誉教授の岡崎敬がいる。

岡崎は少年時代から七田を慕っていた。彼が中学時代には奈良の唐古遺跡にも連れて行っている。七田は昭和十三年三月に國學院大學高等師範部を卒業すると、文部省から満州国の史蹟調査を委嘱され、鴨緑江の右岸、吉林省の南部にある通溝で高句麗古墳群の調査を行った。

このとき旧制福岡高校在学中の岡崎が、どうしても入手したい論文のことを七田に問い合わせた。満州にいた七田の許に手紙は転送されて届いた。七田は満州国切手を貼って岡崎に返信する。岡崎は満州国の切手にも感銘したが、そこには、近いうちに京都に行くので一緒に行こうと書かれてあった。七田は京都大学に行き、岡崎を梅原末治、水野清一という考古学の重鎮に紹介している。岡崎はこのときの京都大学の研究室の雰囲気に憧れ、京都大学に進むことになる。

その年の九月に七田は東京都立第一商業学校教諭として教壇に立ったが、三年ほどで応召され、ビルマへ向かった。九死に一生を得て生き延びたという。昭和二十年七月に大尉まで昇進し、復員した。

七田は郷里に戻り、高校の歴史の教師として教壇に立ち、その傍ら研究も続け論文を発表していた。自転車で通勤し、荷台には大きな鞄と風呂敷包みが乗せられていた。そこには資料が入っている。生徒を連れて吉野ヶ里の台地に行くときもあった。吉野ヶ里で採集した土器を教壇で説明することもあったという。授業は熱血そのもので、とくに弥生時代に差しかかると、講義にも熱が入る。来る日も来る日も弥生時代が続き、生徒たちは教科書の進み具合を心配した。大学の講義のように、マニュアルにとらわれない血の通った内容であった。

女生徒たちは、七田を喜劇俳優の花菱アチャコに似ていると噂し、人気があったという。

彼は地元で吉野ヶ里遺跡を伝え、遺跡を守った。生徒を遺跡に連れて行く。そこには遺跡は専門家のものでなく、一般の人に理解、愛されてこそ意味を持ち得るという信念があったからだ。

七田は昭和十六年、戦地に行くとき『歴史』（第十六巻第四号・昭和十六年八月）という雑誌に一文を残した。自分は戦争で死ぬかもしれないという覚悟をしたのだろう。そこで残した文章は絶筆の重さを持つ。題は「日本考古学の反省」。そこで七田は問いかける。

〈一體、歴史學や考古學の結果は誰が利用してよいのか。利用することが許されないとするならば、

一體それは何のための學問であるのか〉
〈個人の感情によって協力を拒否し、或は学問を個人或は限られた特定の極少数の占有物たらしめんとするが如き傾向は学問の権威のため、日本考古学の発展のため考古学者自身の強く反省すべき事項でなければならぬ〉

郷里に戻り、若者たちと向き合うようになった七田の精神は、この信念に支えられたものであった。忠昭は言う。

「研究者のための研究じゃない。考古学のための考古学じゃない。どこかの調査に行ったら、あいつの弟子だとモノを見せないとか、最近まであったじゃないですか。それを戒めているんですよ」

七田は、忠昭が中学生のときに脳梗塞で倒れた。そこから活動を控えるようになり、昭和五十六年に亡くなった。吉野ヶ里遺跡の本格的な発掘の五年前である。

七田が亡くなった日、岡崎敬は朝から遺体のもとに座り、夕方まで俯いたまま、その場を動くことはなかった。若き日の思いが去来していたのだろう。岡崎は終始無言だったという。

忠昭は父の母校である國學院大學に進み、考古学を学んだ。彼が一年生のときだった。信州諏訪にいる藤森栄一に会いに行った。もうこのとき藤森は病気で声が出なかった。ただ忠昭の顔をじっと見つめて涙を流すばかりだった。

「まだ父は元気だったですが、父のことを思い出されたんでしょうね」

忠昭には父にまつわる思い出が次々と過る。彼が佐賀県教育委員会に就職してから、小林行雄が突然佐賀の調査の視察にやって来た。そこに偶然七田もいた。二人は終戦直後に会って以来、もう数十年会っていない。二人は顔を見ると、お互いに抱き合って涙をぼろぼろと流した。ただ無言であった。

佐賀県教育委員会によって吉野ヶ里遺跡が本格的に調査されたのは、昭和六十一年五月である。この地に工業団地が造られることになり、調査後破壊ということになった。調査期間はわずか三年である。ところが墳丘墓が見つかり、銅剣、ガラス玉などがそこから出土し、遺跡は国の特別史跡となり、歴史公園として保存されることになった。この調査を担当したのは息子の忠昭だった。彼は大学を卒業して十年目で、脂が乗り切った年代でもあった。ただ日々の大発見にも、当時の忠昭には感激に浸る余韻などなかった。

「調査は三年間で終わるというノルマがあったので、スムーズにやらなければいけないと頭にありました。毎日初めて出てくるものばかりで、感動でしたけど、出たら報道とか、マスコミへの発表で調査が長引きますしね」

環濠集落にしても、V字溝（※6）にしても、実際に調査を担当する者は、日々の積み重ねの中で遺跡を見るから、感動はあっても、見学者の新鮮な驚きとは違った。すごい遺跡だと体の底から実感したのはのちのち保存されてからのことだ。

今、忠昭は言う。

「今父は吉野ヶ里についてはどう思っているでしょうか。発掘しないであのままにしてほしかったと思っているとも思うし。その一方で遺跡の内容がわからないと活用もできないわけです。現代や未来のために生かすためには、調査して歴史公園として残ったのはよかったとも思います」

多くの人が訪れる吉野ヶ里遺跡だが、その歴史公園の根底に、考古学は学者のためだけにあってはいけない、専門家の占有物にしてはならない、という七田忠志の精神が流れている思いがする。

※1 **笹ケ窪遺跡**＝静岡県田方郡函南町軽井沢笹ヶ窪にある遺物包含地。
※2 **清水柳遺跡**＝静岡県沼津市岡一色清水柳にある遺物包含地。
※3 **菅生低湿地遺跡**＝千葉県木更津市にある弥生時代の低湿地遺跡。
※4 **祝部式土器**＝須恵器とも呼ぶ。主に古墳時代以降に作られた大陸から伝わった土器。
※5 **熊襲**＝九州南部にいた大和政権に抵抗した人々。日本書紀、古事記に登場する。
※6 **V字溝**＝環濠集落などで作られた堀の一種。底がV字になっており、外からの防御を堅固にするために造られた。

第九章

「考古学エレジー」はなぜ消えたのか

俺たちゃ歴史の探究者
縄文弥生に土師須恵器
我らが祖先を省みて
我らが歴史を作るため

写真：昭和44年、向野田古墳の発掘現場
（写真提供＝髙木恭二）

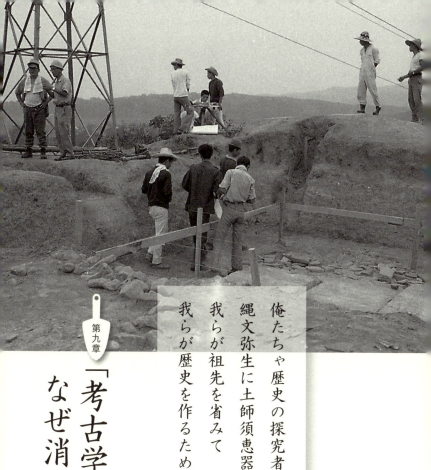

関西で原曲の四番に付け加えられて歌われた歌詞である。考古学徒の歴史を振り返りながら、かつては全国を席巻した「考古学エレジー」がなぜ消えたのか記したい。

海峡を越えた考古学エレジー

平成二十六年の秋、NHKの衛星放送で、俳優の東出昌大が蒙古で古代遺跡の発掘をする番組があった。夜は天幕で酒を飲みながら、大学の先生が考古学エレジーを歌っていた。東出も一緒に、〽あの娘は良家のお嬢さん　おいらはしがない考古学徒〽と口ずさんだ。

じつは考古学エレジーが大陸に最初に渡ったのは平成六年だった。このことを教えてくれたのは、福岡大学人文学部教授の武末純一である。武末も福岡高校の考古学部出身で、高校時代福岡市南区にある初期の横穴式石室（竪穴系横口式石室）を持つ老司古墳（※1）などの調査に参加している。

武末が考古学エレジーを知ったのは、九州大学大学院生のときだった。昭和四十八年十月に長崎県五島列島の縄文・弥生時代の皆塚遺跡（※2）の調査に行った。そこには別府大学の学生も参加した。その夜、学生たちと飲んだとき、別府大学の学生だった原田保則から教わった。別府大では発掘が終わった夜には必ず歌っていたとも教えてくれた。

「すげえなと思いましたよ。全共闘の時代にマッチしていると思ったんです。だけど今考えると男性中心の唄ですね。勝手な女性像を作り上げて押しつけているようにも思いますが、あのときの心情だったのでしょうね」

印象に残るフレーズは「あの娘は良家のお嬢さんかな」と武末は言った。甘酸っぱいと言えばそうだし、気恥ずかしくて素面では歌えないなと苦笑する。

「あの娘は良家のお嬢さんの歌詞にしても、当時は考古学そのものが日陰者みたいな感じがあったんじゃないでしょうか。サラリーマンが九時から五時まで働く世界とは違うという意識でしょうか。考古学する人は高級土方みたいな感じですよね」


平成六年七月二十三、二十四日に行われた第一回の九州考古学会・嶺南考古学会合同考古学大会のときである。韓国の嶺南地方は慶尚道の大学を中心にした有力な考古学の学会である。

当時ダイエー・ホークス（現・福岡ソフトバンク・ホークス）の本拠地福岡ドーム（現・ヤフードーム）の隣にあるシーホークホテルで、懇親会を行うことになった。そこで日本側、韓国側それぞれ余興をすることになった。韓国からの出席者は百二十名である。さて日本側は何を出し物にするか。

このとき「考古学エレジーを歌おう」という話になった。ちょうどこの場には作者の島津義昭と柳澤一男もいる。武末は言う。

「島津さんと飲んだときに、あなたたちが作ったのだから、エレジーの正調を教えろと歌詞をナプキンに書いてもらっていたんです」

ただハングル語に翻訳しなければならない。ここで一肌脱いだのが武末だった。

武末は日本で最初の国費の韓国への留学生で、日韓の交流史の考古学に詳しい。そこで九州大学の比較社会文化研究科の留学生の金宰賢（現・東亜大学教授）と崔鐘赫（現・釜慶文物研究院院長）とともにハングル語に翻訳した。

歌詞は島津、柳澤が作った原曲の四番バージョンである。

町を離れて野に山に
遺跡を求めて俺達は
夕辺の星見てほのぼのしのぶ
昔の物語

도시를 벗어나서 들로 산으로
유적을 찾아가는 우리들은
저녁하늘 별을 보고 어렴풋이 떠올린
머나먼 옛날의 그리운 추억

会場で皆が歌う際に武末は島津と柳澤を強引に壇上に上げた。二人は「恥ずかしいな」と言って照れながらも最後まで歌った。韓国の研究者も静かに聞き入っていた。曲が終わると、釜山大学校教授の申敬澈は「いい唄だよ」と褒めてくれた。こうして韓国へ考古学エレジーは伝わることになった。

じつは考古学エレジーを日本側が出し物にしたのは理由があった。この頃の韓国では開発工事が増えて、遺跡の緊急発掘の件数が増えた。かつての日本の高度経済成長期と同じ様相を呈していた。このときも遺跡が破壊され、緊急発掘で急場を凌ぐことが多かった。調査員も少ない人数で、せめて記録には残そうと懸命だった。

発掘する韓国の調査員の悲哀をエレジーに託すことで、現在も行政発掘に追われる日本の考古学者との思いを共有できるのではないかと思ったのだ。

今、大学では考古学エレジーは学生たちに歌われているのだろうか。

武末は言う。

「たぶん知らないと思います。歌っているんでしょうかね。エレジーは連帯性みたいなものがありますが、今の学生はばらばらに切り離されているような気がします。個人、個人に分断されているからねえ」

個人と個人との繫がりが希薄なのである。とくに携帯電話、スマホが普及してからは、若者たちは顔を合わせた会話が減り、ネットによるコミュニケーションが増えた。酒を飲んで絡む、口論する、喧嘩することはなく、そのような濃厚で面倒な付き合いを好まない。

考古学エレジーの歌詞は、「遺跡求めて俺たちは」「おいら（俺等）はしがない考古学徒」「発掘終われば俺たちは」と、すべてが仲間や集団の思いを歌った唄である。

今の若者は「俺が」「私が」という個の世界に生きる。歌詞そのものが、今の若者気質と合わなくなっている。エレジーは学園闘争の中で、学生たちに受け入れられ全国に広まった。まさに全共闘、全学連という組織的な闘いで、学生の連帯性が、その中核となり得た。

時代はバブルへ向かい、なお、華美なものへ時代が志向して行く中で、考古学エレジーはそれほど歌われなくなった。

もう一つは、と武末は指摘した。

「あれは考古学が発掘であった時代の唄なのでしょうね。今はそうではない。発掘はどんなに大きなイメージがあっても、データを取り出す作業であり、実験の一つなのですから。大事なことは発掘の後に、どういうふうにデータを処理し分析するか、どういう結論を引き出すか、そして歴史をどう作るか、こちらが重要なのです。あの時代は発掘そのものを行うことが、ものすごいことで、新しいことを明らかにするぞという気分があったのではないでしょうか。あくまで現場で掘る側から歌われた唄ですね」

考古学は発掘のイメージが一般にはつきまとう。しかし、これは理系の学問で言えば、実験である。

究極の目的は発掘された成果をもとに理論化するということである。発掘は破壊である。掘った遺跡を死滅させないためにも、文字化し、理論化することは、今の時代にもっとも大事なことなのである。

学生たちが熱かった頃

さて、現在の大学の状況はどうだろうか。

橿原考古学研究所総括研究員の卜部行弘は畝傍高校歴史部出身で、現在五十代前半で、八〇年代に学生だった世代だ。彼は「考古学エレジー」を回顧する。

発掘終われば俺たちは　離れ離れに去ってゆく　せめて今夜は飲み明かそうぜ
青い月夜の白むまで

「この四番ですね。今泊まり込みの発掘自体が少なくなっているからねえ。あの娘は良家のお嬢さんにしても、ナルシストではないですが、そこまで思いを押しつけられると恥ずかしいなという思いはあります」

卜部は、とにかく考古学をやりたいという一心で関西大学に進んだ。考古学で食べてゆける見込みはなかったが、ひたすら調査に明け暮れた。就職活動もまったくやっていない。

大学院に入っても発掘に打ち込み、一年生のとき現場日数は百五十日に達した。

「これでは当然授業には出られません。不可の科目がありましたよ。ふつう大学院で不可はあり得ないですからね。史上最低の成績でした」

と苦笑する。

「今の若い人は、現場経験の数を踏んでいる人が少ないように思います。大学の授業がきつくてさぼれないというのはありますが、それがいいのか悪いのか。考古学は現場で鍛えられるという部分がありますからね」


駒澤大学文学部歴史学科准教授の寺前直人は、考古学エレジーを知ったのは最近になってからだ。彼は昭和四十八年生まれだから、エレジーを歌った世代よりかなり若い。平成二十四年の五月、國學院大學で日本考古学協会の大会が行われたときである。その懇親会の席で、國學院大學の学生、卒業生が肩を組んで考古学エレジーを歌った。そのとき唄を知った。印象は「昭和のイメージというか、労働歌みたいな感じでした」というものだった。寺前は大阪大学大学院文学研究科出身である。考古学研究室の歴史も新しいから、考古学エレジーを誰かが歌い、後輩に伝えるという習慣はなかった。

彼が駒澤大学に赴任したのは四年前、このとき駒澤でもエレジーは歌われていなかった。

今、大学の考古学専攻生は発掘現場に行く機会が減っていると言われている。びっしりとしたカリキュラムをこなさなければいけないこと、出席も必ず取ることなどから学生の自由になる時間も減った。

大学によっては考古学研究室は「四年天皇、三年大将、二年平民、一年奴隷」という体育会並みのシステムがあって、合宿に行けば、一年生が食事の準備、蒲団の上げ下げまで行った。だがその雰囲気も変わった。

発掘が身近でなくなれば、考古学エレジーの生命力は弱まる。

その点、駒澤大学は、かつての考古学研究室のよきスタイルを色濃く残している。一学年に四十名前後の専攻生がいる。夏季休暇期間の一か月を合宿で発掘調査に行く。駒澤大学には考古学専攻生、これと別に考古学研究会がある。後者は専攻生に限らず日本史専攻もいる任意の団体だが、発掘経験は豊富だ。彼らは一か月の合宿を通して参加し、調査の主力となる。

前者は実習生とも呼ばれ、三年次の考古学実習の授業の一環として一週間参加する。食事は朝と夜は完全自炊。学生が三人ずつ宿舎に残って四十人ほどの食事を作り、配膳する。

今の学生の気質はどのようなものだろうか。

「学生はコンビニが好きですね。徒歩で二十分歩いても行きますね。よくスマホもいじっています。普段の日常生活の延長にあるようです。僕らは電話にしても麓まで行っていたのと違いますね」

スマホがあれば、友人との連絡もできる。考古学エレジーの〈町を離れて野に山に〉という発掘が非日常の世界だった頃とは雲泥の差である。

「お酒も専攻生が入れ替わる土曜日にやります。ただ今は三～四人とか小さくまとまって飲むほうが多いかもしれません。考古学エレジーの歌詞は二十一世紀ではリアルさがないですね」

ただもちろん若い世代に期待はある。

「私が一番思うのは、埋蔵文化財だけではなくて、文化財一般に対するきちんとした応援団を作ることですね。文化財を正しく理解してくれる人を世に送り出すことです。これは最低限やりたいと思います。文化財に対する偏見や誤解も多いし、世界遺産についてもそうですね。まず文化財の保存があって、破壊されるのだとすれば発掘する。そこから研究活用がある、という社会との繋がりの部分も教えてゆきたいですね」

大学の考古学教室も、現代に即した新しい岐路を迎えている。

奈良大学名誉教授の酒井龍一は数年前まで教壇に立っていた。川柳も作る風流人の彼は文学にも造詣が深い。現在自宅に斎藤茂吉、北杜夫、辻邦生の資料の展示館を造り、その館長でもある。そこには彼が自前で揃えた文献を見ることができる。

「やはり足を使って情報収集しますと、いろんなものが集まってきますな」

その手法は考古学のフィールドワークに通じる。

彼の著作『発掘川柳』（ジャパン通信情報センター）では、考古学者や考古学についてユーモアとペーソスで包んだ作品で、考古学の本質を鋭く突いている。

＜みだれ髪ふとかきあげる女王卑弥呼＞。痛烈な皮肉もある。＜威厳髭付けて穴掘る奴が増え＞。あるいは自虐的に考古学研究者を表現したものもある。＜地下足袋の男これでも公務員＞＜とび職で庁舎に帰るおもしろさ＞

酒井は昭和五十七年に奈良大学文化財学科に赴任したが、研究室で学生との関わりは豪快そのもの、風流人そのものと言うべきかもしれない。

「新学期始まりますやろ。わしら何日か経ったら、平城京の大極殿で花見しながら酒飲み大会ですわ。一般客もおりますが、関係ない。お猪口なんて使いませんで。そして研究室では土器とか展示物ありますやろ。あれにビールや酒入れて飲みました。たまに漏れて割れましたけど、次の日は接着ですわ」

研究室は半地下で、理事長室からも駐車場からもまる見えだったが、誰も咎める者はなかった。日本考古学協会の懇親会でも、東京の研究者を前に、土器に酒を入れて飲んだら、皆感動したという。近藤義郎も感銘していた。

「他の教員も戦々恐々としてましたけど、事故なんて起さないからね。でも僕が定年になったら酒飲み大会はなくなってしまった」

考古学エレジーも、酒井が大学に赴任した当初は歌っていたが、いつしか歌詞に学生の実感が伴わなくなって歌わなくなった。

「今の子は作業としての発掘はできるが、研究ができない。昔は大物がいて、相互に牽制し合う形があって、いい加減なことは言えなかった。そんな大物は今は考古学界にはおりませんね」

酒井は平成二十五年三月に定年を迎えたが、今、考古学に向けての感慨は「考古学自体がエレジーになってしまった」という諦めである。

最たる理由は「日本列島改造の頃から、お役人さんが掘るようになったから」というものだ。

∧発掘終了遺跡なんだか寂しそう∨∧村おこしできる遺跡が文化財∨∧最古とか最大とかの見栄を張り∨

一見ユーモアに包まれた句だが、自身もかつては財団法人大阪文化財センターにいただけに、行政発掘について切実な思いが伝わってくる。

「平成七年頃にはもう考古学はあかんなと思うようになりました。現場にも高級車が並ぶようになってね。遺跡を掘っても、研究せずに文化財の修復の人に渡してね、歴史資源として観光客を集める手段になったとも思います。もう研究する理由がなくなったとも思うのです」

∧埋められし発掘跡に寒の雨∨

そんな酒井にも青春の思い出があった。大学時代の卒論のテーマは、弥生時代に出現した「高地性集落」である。その絡みで弥生時代の墳墓である平原王墓について調べていた。酒井はそこから出土した数多くの鏡を見るために、友人と関西から福岡県糸島市まで訪れた。

鏡は王墓の発掘責任者である原田大六が管理していた。彼は著名な在野の研究者でアカデミックな組織への反発も強かった。性格も狷介で、独特の怖さがあった。

そんな原田の許へ行くのも若さゆえの大胆さであろう。

この日は雪が降りとても寒かった。原田はリュック姿の若者二人の姿に驚きもしたが、酒井たちの用件には即座に断った。

「大学生には見せない」

だが酒井は懸命に趣旨を伝えると、原田はその場で三十分唸って考え込んだ。やがて原田は彼らの心意気に打たれ、言った。

「これから講義をする。鏡を見るのはそれからだ」

二人は原田の家で一時間ほど平原出土の鏡について講義を受けた。論点のおかしいところなど、資料に色分けしながら丁寧に教えてくれた。それからタクシーに乗せられて、鏡のある糸島市の資料館に行った。資料館は閉まっていたが、原田は中に入ると、玄関まで鏡を一枚ずつ持って来て、二人に見せながら説明してくれた。鏡一枚を見終わると、また持って帰り、次の一枚をまた運んできて、見せてくれる。

やはり当時の学生は、行動力にしても向学心にしても、突き動かされるような熱さを持っていた。

東海大学教授の北條芳隆は、平成十四年に大学に赴任したが、やはり考古学エレジーは歌われていなかった。

「学生たちが歌っていたのはおそらくですが、私らくらいの世代まででしょうね。考古学エレジーが本気で歌われた時期というと、現場をやると〝あれもできなければ〟〝これもできなければ〟と非常に職人的な部分のハードルが高かった時代です。タフガイで何でもできる人じゃないと考古学はできないと言われた頃だったと思うのです」

発掘調査は運動部と、言われた時代である。

「この唄は男の唄なのですよ。あの時代で考古学の世界に残っている女子学生は少ないです。今は女性も多い。女子のほうが我慢強く、地道な仕事を続けてゆけるのです。エンピ投げができなくてもいいのですよ。土を見たり、テスコで感触を見るとか、これは男であろうが女であろうが、継承しなければなりませんけどね。発掘が下手でもいろんなものを問える考古学の在り方を考える必要もあるのではないでしょうか」

考古学エレジーが歌われた時代は、考古学教室にいた学生は圧倒的に男性が多かった。今では女性の考古学専攻生も増えている。男目線のエレジーが、女性が増えたことで研究室の雰囲気にそぐわなくなったとも言えるだろう。

もう一つは大学進学率の上昇である。エレジーがもっとも歌われた時代は、昭和四十年代から五十年代にかけてだが、とくに四十年代は大学進学率は二割も行っていない。

「大学に行った者はインテリゲンチャと言わないまでも、選ばれた人たちです。そんな彼らが考古学をやっている。そういった負い目を持ちながら、好きな学問をやっている。誰の目から見ても趣味の領域ですね。そんなところに青春を捧げている。これでいいのだろうかという思いがあったはずです。将来のエリート層になるべき人材が、周囲の期待と相いれない世界でやっている。そのイメージと分かちがたく結びついていると思うのです」

エレジーはそんな彼らの惑う心情にフィットした。だが八〇年代が過ぎれば、大学に行く割合が半数を超えた。大学生は決してエリート層ではない。その流れに整合しないエレジーが学生の現実から遠くなったのも道理だろう。

高校考古学部は？

平成二十七年冬、高度経済成長期に遺跡保存のため活躍した大阪府立泉大津高校に行った。

地歴部は今もあり、往時の隆盛を物語る展示室には、考古資料が並べられている。生徒たちが作った遺跡台帳、地図もあった。使われなくなった三脚など測量器具も置かれてある。

現在は八名の部員で、考古学よりも戦国時代に関心があるという。安土城、大阪城へ行って、小冊子に発表する。顧問の平島将史は平成十五年に赴任したが部は存続している。

その一方で、展示室にある遺物は、全国の博物館に貸す機会も多い。摩湯山古墳出土の鰭付円筒埴輪（※3）、入母屋造りの家形埴輪、船形埴輪はとくに人気が高い。

当時は他大学との交流もあり、京都大学、東京大学、大阪大学、九州大学、慶應大学などから送られたハガキもあった。部報を送ったお礼状だ。

「日本史の授業でも生徒に見せるのです。実際に遺物も手に取らせます。ふつうの博物館ではできませんからね」

実地に触れる機会を作れるのもこの高校の特徴だ。宝の山という平島の言葉が耳に残った。

関東では東邦大学付属東邦中学校・高等学校の考古学研究会がある。東邦は現在も『東邦考古』という部報を出し続けている。

平成二十七年九月で第三十九号まで発刊している。この冊子の特徴は表紙に「ＩＳＳＮ」コードがついており、学術誌の趣を持っている。

顧問の教師山岸良二は昭和五十年に部に関わるようになった。創部は昭和四十五年。以来、途切れずに部は存続している。

昭和五十年代から六十年代にかけても十名から二十名の部員はおり、平成に入りゼロの時期もあったが、現在は十五名の部員がいる。活動日は火曜日で、他のクラブとのかけもちも可能だという。歴史は他の高校考古学部より新しいが、山岸自身、慶應大学で考古学を専攻したので、彼の人脈で行政発掘主体の時代に現場を確保することができた。だが行政主体の時代なのでやはりそう簡単に現場に行くこともできないのも事実だ。

「関東だったら千葉県埋蔵文化財センター、かながわ考古財団、埼玉県埋蔵文化財調査事業団など組織がたくさんできるわけです。もう中学、高校生が入る隙間はない。そこで千葉県から委託されて各市町村単位で埋蔵文化財の分布図を作ったりします」

三十年かけて竪穴住居址の面積計算も行っている。『東邦考古』は、現在千葉県では唯一の考古学雑誌である。現在は若手の研究者に誌面を提供し、発表の場としている。

山岸の場合、自身も考古学研究者として著作も多く、日本考古学協会で理事もやっているから、彼の力に負う点も大きいのだろう。

ただ全国的な退潮は免れる術もない。

静岡県の藤枝東高校も名だたる考古学部の名門だったが、二十年ほど前に無くなった。東海道新幹線や東名高速道路の建設で、瀬戸古墳群が緊急調査の対象になり、百基以上の古墳が調査された。古墳時代後期の円墳だったが、これらの調査を藤枝東高校などの高校生が発掘した。この古墳群は調査後新幹線の建設で、二、三十基が壊され、さらに東名高速道路建設で一山全部なくなり、消滅した。

昭和三十七年に入学した八木勝行は語る。

「焼津高校の先生に明治大のOBの増井義己さんがおられて私たちを指導してくれました。大井川流域にフィールドも持っていましたので、縄文中期、後期の遺跡を探しました。代々うちの部長クラスは明治大学に進学するようになったのです」

このとき考古学エレジーを作った柳澤一男も調査に参加していた。八木は明治大学に進み、浜松市教育委員会で文化財専門職として勤務した。

だが八木の在学中に学校は受験体制を強化し始めた。進学校になると、考古学に打ち込むと大学にいけなくなる。次第に活動も縮小され始めた。

「高校考古学部は受験体制で変質しました。地方の高校でも大学レベルの考古学をやっていたのですが」

八木は、ゆっくり呟いた。

武末純一もこう述べている。大学で考古学を学び、文化財行政に入ることで調査のレベルは上がったが、それによって考古学をプロとする人（教育委員会などの行政マン）とアマ（高校生や一般の歴史愛好家）との壁が高くなってしまった、と。武末はこの点を指摘し、一般の人たちが発掘に参加することができなくなり、発掘現場は〝原子力ムラ〟のような閉鎖的な考古学ムラを作ってしまったと語っている。

かつてはこの中間層に高校考古学部がいた。その部も廃部し、中間層が消えた。

＜東日本大震災の復興事業での高台への移転に伴う遺跡の発掘調査では、地域の人々から「なぜこの緊急時に発掘しないといけないのか」という声さえ上がった。考古学のプロで埋蔵文化財を囲い込んできた当然の報いともいえよう。＞（武末純一「地域をデザインする遺跡、地域からデザインされる遺跡」日本遺跡学会誌『遺跡学研究』第11号・二〇一四年）

一般の人々も考古学の存在と無縁であってはならないし、無関心であってもならない。

考古学エレジーの作者である島津義昭と柳澤一男はどう考えているだろうか。

島津は「我々世代にとってあの唄を歌うのが通過儀礼の一つだったのでしょう」と述べる。時代が変われば、儀礼のやり方も違ってくる。エレジーはすでに役割を終えたということか。

「今は行政発掘主体で、悠長なことは言っていられなくなりましたね」

島津は述べる。

もう一人の作者、柳澤一男は言う。

「最近の学生は飲まなくなったけど、僕らのときは発掘では飲むわけよ。テレビがあるわけじゃないから、やることないので唄を歌うとか、春歌を歌うしかない。今の学生は熱い奴は乗ってくるかもしれないが、今そんな若者も少なくなったからな。学生を取り巻く環境がこれだけ変わると、学生自身もそんなに強い思いで考古学でメシを食いたいと思わないんじゃないか」

時代の流れで「考古学エレジー」自身も居場所を失ってしまった。

だが意外に若者たちにも受け入れる土壌がないわけではない。

かつて島津自身、愛媛大学に非常勤で教えに行ったとき、学生と共に考古学エレジーを歌ったら好評だったように、若者たちに新しい感覚で受け入れられる可能性はありそうだ。それも女性によって好まれる要素を感じる。

平成二十一年に「非女子図鑑」という映画が公開された。「女らしさ」という世間の常識から飛び出した女性たち（非女子）たちの奮闘ぶりを描いた作品である。六本立てのオムニバス映画であるが、その一本に「B（ビー）」という作品がある。その主人公は遺跡の発掘調査員をしている。男勝りに働く彼女が、遺跡の発掘をする場面で、考古学エレジーが流れる。

ほぼ原曲どおりの歌詞だが、これはリフレイン付きで青山学院バージョンに近い。青学バージョンの一番、二番、四番が、ロック調の男性歌手の声でテンポも早く歌われる。編曲されているから明るく、暗さは微塵もない。

主人公が現場で男たちに混じって焼酎を飲むシーンに四番が流れるシーンは、まさに私たちの時代と同じである。

ある高校考古学部の女性部員はこう話す。

「部室で歌っている先輩たちの表情がとても朴訥に見えました。Tシャツで泥まみれになりながらも、とても真剣な顔で歌う姿は目に焼き付いています」

合宿では空に満天の星が見えた。海に浮かぶ島で、まさに〈町を離れて野に山に〉という思いをしみじみと実感した。

考古学エレジーに描かれる男性像はタフガイである。好きな女性への思いを秘めて、土を掘る。草食系男子と呼ばれ、か弱くなった男性が増えた現在に、強くて逞しい男の残像を思わせる力をエレジーは確かに持っている。

考古学エレジーを語ることは、そのまま考古学の青春群像を語ることでもある。その神髄には、時代を超えた考古学徒の生き様がある。そのまま綴れば、学徒たちの考古学史にもなる。それが考古学エレジーの本質を語ることである。

そして肝心の考古学の未来像は？

日本の考古学界は平成十二年の旧石器捏造事件の過ちを十分に行っているとは言いがたく、また立ち直っていないと言える。その後経済も低迷し、平成二十三年三月十一日の東日本大震災で日本は壊滅的な打撃を受けた。その中で考古学は社会にどのような役割を果たしてゆくことができるのだろうか。今、もっとも問われている点である。

今、経済不況の中で、社会も企業も学校も「すぐに役に立つ」という視点から人やモノを見る風潮がある。考古学にはそのような即効性はないが、正しく歴史を学び、知ることは、時代が困難になろうと人が生きてゆく力、本質を見ぬく目を育て、文化を学ぶという喜びを与え得ると信じたい。

考古学書を多く出版する同成社の山脇洋亮はこんな話をしてくれた。

「僕の知人がね、考古学は必要な学問かと言うのだね。〝考古学なんて一番役に立たない学問だよ〟と。僕は次のように言ったんですよ。〝役に立つという定義によるだろう〟と。考古学には直接的な生産性はないですが、歴史を知るために極めてベーシックなものを作り出す学問です。こういうものを些少にしてしまうと文化的な程度は低くなるわけです。だからすぐに役に立たないもののほうが、重要なものもあるのだと伝えてゆくことが大事なのです」

現実的には、経済が回り、景気がよくなればそれでいいのだという風潮があるのも事実である。「だから」と山脇は「ヨミ、カキ、ソロバン以外の、現在でも無駄としか言われないものも必要なのだということが理解されることが必要」と語る。その推進役として考古学も大きなポイントを握っていると言えるだろう。

もう一つは考古学界の重鎮大塚初重の言葉だ。

「やはり僕も旧石器捏造問題から考古学は立ち直っていないと思います。ですがね、生涯学習の熱気はすごいですよ。僕は大学で月に何度か教えますが、二百人の受講生がいます。団塊の世代の方から九十歳以上の方もいる。そこで邪馬台国論争、注目される古墳などについて論考しています。戦争で大学に行けなかった人もいる。仕事も定年でこれから歴史を学びたいと。三つの大学で学ぶ人もいるし、朝一で橿原考古学研究所の博物館に行って、最新の考古学の講演を聞いて、現場を見て、夕方帰京して、翌朝は僕の講座に出る。そのときの現場説明会での資料を僕に届けてくれるのです」

多くの人が、かつての大塚がそうだったように正しい歴史を学びたいと意欲を持っている。そこに、考古学が専門家だけのものでなく、裾野を広げている事実が見受けられる。そのような学びを持った市民が文化財への強力な支援者となり得る。戦前に七田忠志が「日本考古学の反省」で語った〈考古学者のための考古学から、我々は国民の為の考古学へと本来あるべき姿に還さなければならぬ〉という言葉の具現化だ。

最後に考古学エレジーの作者である島津・柳澤の若き日の考古学に対する問いかけを記してみたい。彼らの純粋な思いの中に、なぜ考古学を学ぶのかの根源的な問いがある。それは考古学エレジーが作られた頃に書かれたものであり、歌詞の背景にあるものともいえるだろう。そこにエレジーの根幹がある。＜「何の為に考古学をやっているのか?」の設問がなされたとき、大きな壁にぶつかった。趣味では無い。生活費にも事欠き、自分の奥にある何か、の為に苦しんでやっている考古学。やがて、この問いは「何の為に考古学を、学ばならないか」に転化して行った。＞（柳澤・島津「考古学と吾々」『原始史学』第二号）

「考古学エレジー」は青春を描いた一編の短編小説である。どの時代でも青年が悩み、憧れ、哀しむ心情を余すところなく謳い上げている。そんな生命力がこの唄にある。考古学エレジーを語ることは、そのまま考古学の青春群像を語ることでもある。その神髄には、時代を超えた考古学徒の生きざまがある。そのまま綴れば、学徒たちの考古学史にもなる。それが考古学エレジーの本質を語ることである。

エレジーの作者二人はなおも述べる。

＜考古学の問題（＝テーマ）は、すぐれて今日的課題を持つ。すなわち人間社会の全ての〈事件〉は現象的には偶然の一回きりの出来事であるが、その原因は必ず〈過去〉に求められる。だから、糸をたぐって行けば、吾々の「分野」にも当然触るであろうし、又逆も言える……それ故、吾々は絶えず時代と言うものに敏感にならねばならぬ。＞（柳澤・島津「考古学と吾々」『原始史学』第二号）

考古学が力を取り戻した暁には、若い世代のための、新しい時代のための考古学エレジーが作られていくことだろう。

※1　**老司古墳**＝福岡市南区老司にある前方後円墳で、埋葬施設は竪穴系横口式石室と呼ばれる初期の横穴式石室で、日本における横穴式石室の成立を考える上で重要な資料となっている。国指定。

※2　**皆塚遺跡**＝長崎県五島市上崎山町皆塚にある縄文時代早期と弥生時代後期の遺跡。

※3　**摩湯山古墳出土の鰭付円筒埴輪**＝大阪府岸和田市摩湯町にある全長約二〇〇メートルの前方後円墳。埴輪は魚の背びれと胸びれのように突き出した、長い長方形の板がつく。

あとがき　森本六爾を求める旅――

取材を進めてゆくときに、何名かの方から「なぜ今、考古学エレジーを書くのですか」と尋ねられた。発掘現場で歌われた「考古学エレジー」という唄は、昭和四十年代に主に学生たちによって愛されたが、今はほとんど歌われていない。私もその問いに対する明確な答えが出せないにもかかわらず、ますますこの唄に惹かれ、唄に描かれた背景にのめり込み、果てしなく取材を続けるようになった。

学生運動に熱かった学生たちへの憧れもある。高校考古学部の生徒たちが、遺跡保存を訴え、調査を行う姿がとてもまぶしく見え、古代への郷愁をかき立てられたというのが真相のようだ。

だが自分のその行動を突き詰めてゆくと、自分が高校時代に出会ったある考古学者の現像を求めていることに気がついた。

戦前の考古学者、森本六爾である。どうも私と森本六爾との出会いに、理由があるようだ。

じつは私は考古学者の生きざまを書きたいというのが年来の夢だった。考古学は、アカデミズムの組織にかかわらず、アマチュアの愛好家が学史に残る発見、調査を行って、歴史を塗り替えてきた。岩宿遺跡を発見した相沢忠洋、明石原人の人骨（学術的な検証の点で問題は残るが）を発見した直良信夫。古代への夢は、専門家、愛好家の枠を超えて、惹きつける魅力がある。それが考古学の魔力なのだと思う。そんな古代へのロマンのために、すべてを犠牲にして人生を捧げた人の生きざまを書きたいと思っていた。

その中で、日本の農耕文化の起源を戦前に提唱した森本六爾は、私にとって特別な存在だった。森本の業績やその人生については、本文の第一章で記したが、何らかの形で森本について書きたいというのが、私の年来の夢だった。

私が熊本県立宇土高校の考古学部（正式名称は社会部）のときである。私はそこで多くの考古学の研究者に出会ったが、中でも自分に深い影響を与えたのが、富樫卯三郎先生（当時肥後考古学会会長）であり、当時宇土市教育委員会に勤務されていた髙木恭二氏だった。髙木さんは、石棺の研究者として知られているが、地元の宇土半島で作られた阿蘇凝灰岩製のピンク色（地元ではマカド石と呼ぶ）で作られた石棺が、大阪府高槻市にある継体大王の墳墓と言われる今城塚古墳まで運ばれ、使われたことを発見した。

このことについては拙著『１０００キロの海を渡った大王の棺』（現代書館・平成二十年）で詳しく書いた。

私はそんな二人を師として考古学を学び、将来への道として志した。

高校一年生の春休み、恩師の富樫先生と一緒に宇土市長浜町にある小松二号墳の調査に出かけたときだった。初めて富樫先生と調査に行けるということで、私は毎日家から考古学書を持って、昼休みの時間に、わからないこと、以前から聞きたかったことなど先生を質問責めにした。そのとき先生は私に目を留められて言われた。

「あなたは大変考古学に熱心なようだが、考古学を本気で学ぼうと思っているのですか」

それから高校での成績のこと、学問をやるには、家が経済的に余裕があるほうがいいですね、と言われた。その後も、昼になるたび弁当そっちのけで、先生に考古学の質問をした。ときに無知を諭されながらも、先生は答えてくださった。

そんなある日の帰り道だった。先生は、突然私に尋ねられた。

「サワミヤ君は森本六爾という学者を知っていますか」

中学時代に読んだ在野の考古学者藤森栄一の自伝『心の灯』（筑摩書房）に、師である森本六爾について書かれた箇所があって、名前だけは知っていた。そう答えると、先生は、ゆっくりとだが、森本六爾の話をされた。

森本は日本の農耕文化の起源が弥生時代にあると提唱した在野の学者だ。当時の大学などアカデミズムな機関は、森本の業績をあまり評価しようとしなかった。しかし彼の学説は、三十代の若さで亡くなった後に証明されることになる。彼の死後、奈良県唐古遺跡の発掘によって農耕文化の起源は証明された。先生はそう話された。

話に聞き入る私に、先生は強いまなざしで言われた。

「あなたも森本のように、考古学を生涯かけてやってゆく決意はありますか」

そのとき、藤森栄一が著した『二粒の籾』という森本の伝記があることを知らされた。

そのとき森本がミツギ夫人という賢夫人に支えられて、研究に没頭できたことも知った。編集所日記という森本が主宰する学会誌に書かれた彼女の短文は心を打った。その夫婦愛だけでなく、彼が多くの弟子を育て、後に彼らが戦後の日本考古学界を背負って立つ存在になったことも知った。藤森栄一をはじめとして、京都大学名誉教授の小林行雄、明治大学名誉教授の杉原荘介ら、研究者の名前を挙げればきりがない。

日本の考古学の土台は森本によって作られ、育てられていったといっても過言ではない。

私が高校を卒業する頃である。森本の弟子の浅田芳朗という方が『考古学の殉教者』という森本の伝記を著した。考古学の

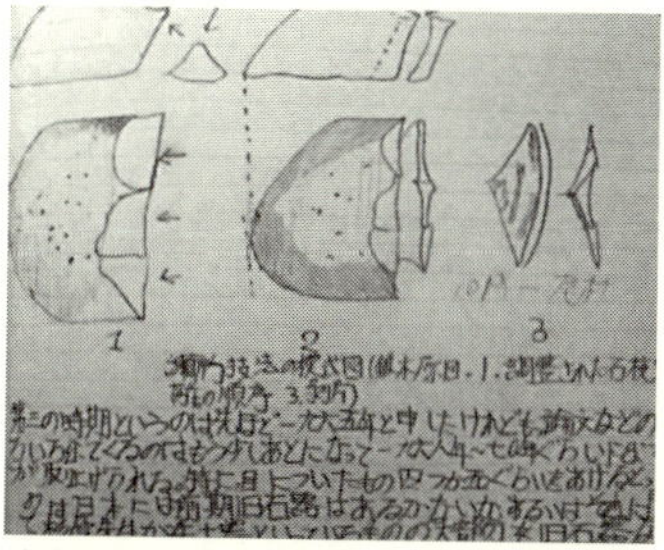

筆者中学一年の考古学ノート。考古学熱は高まる一方だった

母校・宇土高校の社会部部報（1970年代）

殉教者とは森本を評した題である。

大学受験に失敗したとき、富樫先生からお手紙を頂戴した。そこにこう書かれてあった。

「悩み多き春、生涯の途上には思いがけないことがあるものです。待テバ海路ノ日和　平凡ですがやる気があり、やってゆけばいつかはよい日がめぐってきましょう。好きでないと考古学など、できるものではありません。

君は考古学書を求めたり感心していました。

考古学の殉教者の著者は、早稲田時代、私の同志で森本六爾先生の所へ私を連れていってくれました。」

日付は昭和五十八年三月十四日と書かれてある。このとき富樫先生が森本から深く教えを受けられたことを知った。

高木氏からも森本六爾の『日本農耕文化の起源』や『断碑』などの本を貸していただいた。

「森本の学問にかける激しい生きざまはきっと君の生き方に影響を与えると思うよ」

氏はそう語ってくれた。


その後、大学に進学してから、高校考古学部のOB会の席上で、さらに富樫先生から森本六爾の思い出を聞く機会があった。

「森本先生は、私のような学生に対してもきちんと正坐をして話をする方でした」

森本の律儀な姿を知って、私はますます森本の虜になった。

私の考古学エレジーに対するこだわりは、森本の存在なしにはあり得ない。考古学エレジーは、高度経済成長期に歌われたが、戦前戦後の考古学をリードしてきた人たちへのレクイエムでもあると私は考えるようになった。何より森本六爾の魂が、エレジーの詞に生きていると思った。

そう考えたとき、戦前に戦火に散った考古学者がいたこと、戦争でつらい思いをした考古学徒、戦後の勃興期に登呂遺跡が発掘されたこと、戦後の復興期に次々と遺跡が消える中で守り抜き、発掘調査をし、遺跡の重要性を世に知らしめた高校生、大学生たちがいたこと、好きな学問のために身を投じて青春を生きた人たちがいたことを記さなければ、考古学エレジーの本質は描けないとも思った。この人たちを思いながら、書き進めて行く私の耳にはいつも考古学エレジーのメロディーが流れていた。

考古学エレジーは戦後に作られたが、唄は森本そのものと言ってよいメロディーであり、歌詞である。それは時代の必然性というほかはなく、森本の学問にかけた狂おしくもいとおしい思いが、時代と形と場所を変えて、エレジーという形をとって昭和の四十年代に甦ったかのように思われた。

現在は行政で文化財担当課が整備され、高校生の出番はなくなり、高校の考古学部はほとんど姿を消した。だが姿は消えたが、彼らが高校時代に培った文化財への保護思想の土台を作ることに大きな役割を果たした。

そこまで思いが至ったとき、私はあることを思い出した。

平成二十五年の春、東日本大震災で甚大な被害を受けた宮城県石巻市で、復興住宅建設予定地に縄文時代の埋蔵文化財が見つかったというニュースを見た。遺跡が見つかれば調査をしなければならない。仮設住宅に住む人たちからは「今を生きる人たちよりも遺跡を優先するのか」という批判があったという。率直な意見である。一刻も早く仮設住宅から出て新しい生活を望む人たちにとって、遺跡の調査が行われればその間は、移転ができなくなる。

究極の選択を迫られた場面である。石巻市に限ったことではなく、復興と埋蔵文化財の問題は、被災地各地で見られる問題であった。建設担当者からは、遺跡の調査員が「復興を遅らせるつもりか」という批判も浴びたという。また遺跡を十分に調べるためには時間も要する。早く移転を可能にするために調査を短期間で終わらせるということは、文化財保護から見れば本末転倒である。

では、何がもっとも望ましい在り方なのだろうか、私も結論が出なかった。

行政では人員を県外から派遣してもらうなどの対応策を取っていると聞いた。

ひとつ言えることは、文化財の保護思想がこれまで十分に浸透していたならば、このようなニュースに描かれたことより、前向きで早い対応が取られたであろうということである。

文化財の保護の問題は、意外なところで大きな事項として顔をのぞかせる。

もう一点は、平成二十七年に文部科学省が国立大学法人に通知を出し、教員養成系、人文社会科学系学部、大学院の組織見直しを迫ったことである。組織見直しの対象には考古学の分野も入っている。あくまで組織の見直しということだが、暗に文系社会科学学部を統廃合しろと伝えているように取れる。どんなに言い繕っても真相はそこだろう。近い将来、国立大学は文系学部は定員減か、学部統合という形を取らざるをえなくなるだろう。

いわば実学重視の方針を打ち出した形だが、ここで問題になるのは、では人文社会系学部は必要なものだと言い切れるために何人が明確な説得する根拠を持っているか、という点である。さきほどの東日本大震災と文化財保護の問題と大いに絡むことである。

日本が構造的な経済不況に悩ませる中で、一刻も早く立ち直るために実学志向を持つのもわからないではない。では、この平成不況の時代に文系学部、考古学を学ぶことに何の意味があり、それがどう今の世に役立つのか、この問いに対する答えは、一筋縄ではいかない。私自身、不要論があるとすれば説得できるだけの根拠を持たない。

ただこれだけは一つ言えることがある。

考古学エレジーが歌われた頃は、大学進学率が二〇パーセントにも満たなかった時代である。その時代に大学に進学し、当時就職先も決して多いと言えなかった考古学を学ぶことは、相当な決意と、学ぶことへの強い意志があったということである。その根底には何よりも考古学が好きだという気持ちがなくてはならなかった。幸い考古学を研究する職に就いた者もいれば、そうでなかった者もいる。

そこで打ち込んだことは、その後の人生にどう生かされるか、それは各人各様の筋肉となって、もっともふさわしい形をとって当人を支える大きな力になったと私は信じる。

それは考古学という学問を通して、物事の本質を見抜く眼を養うことだったり、歴史という時間軸に物事を置いて判断することだったり、学ぶ、熱中することを通して物事の醍醐味に触れるという経験が糧になったりとさまざまであって、正解は一つではない。

本書に登場する考古学に打ち込んだ人たちの生き方を見れば、迂闊に一つの学問が役に立つ、立たないの視点で論じることがいかに底の浅い行為であるか明白になるだろう。

同時にその問いへの解答の糸口が、見えてくるだろう。本来の解答とはそんなものだ。

私自身、考古学への志は大学時代に挫折し、その後ノンフィクションという分野に向かった。それは森本の生きざまを追うことで、次第に私は人の人生を見つめ、描くというほうに関心が移っていったからである。しかしあの多感な時期に打ち込んだ、いにしえに思いを寄せた浪漫は、実利という形はとっていないが、今日の自分の生きる力になり得ている。何より富樫先生と考古学のこと、森本六爾のことを語り合った充実した体験が、今の自分のどこかに生きている。

私が上京して知った考古学エレジーは、じつは私にとって身近な人によって作られ、はるか昔に私の母校の高校で歌われていたというのも不思議な縁であった。私のまわりをグルグルとエレジーの唄は流れていたのである。それも森本六爾と一緒に、である。

二十一世紀になり、すでに十五年以上が過ぎたが、新しい形の考古学エレジーの唄が作られることで、現代を生きぬく青春の生き方が生まれてほしいと願っている。

最後になりましたが、本書の刊行にあたり、東海教育研究所編集部の方々にお世話になりました。厚くお礼申し上げます。作品の性質上、登場された方々の敬称は略しました。

追記　この原稿を校正中に、あの熊本大地震が起こった。本書に出てくる数々の遺跡等も大きな損壊を受け、また各自治体の必死の対応も続いている。長い歴史の中では繰り返されてきた自然の営みかもしれないが、改めてその現実に直面し、自然の脅威と人々の深い苦しみに心を痛めている。一日も早い郷里の復興を願わずにはいられない。

平成二十八年六月　　澤宮　優

参考文献

第一章

・藤森栄一「旧石器の狩人・二粒の籾」『藤森栄一全集 第5巻』学生社 1979年
・藤森栄一『かもしかみち』学生社 1967年
・藤森栄一『かもしかみち以後』学生社 1967年
・藤森栄一『心の灯 考古学への情熱』筑摩書房 1971年
・浅田芳朗『考古学の殉教者 森本六爾の人と学績』柏書房 1982年
・桜井市埋蔵文化財センター展示収蔵室
「森本六爾氏生誕90周年記念『二粒の籾』展」(1993年 春季特別展) 財団法人桜井市文化財協会
・柳澤一男「〝いっちゃん〟との合唱」『送遠——市橋重喜君追悼文集——』市橋重喜君追悼文集刊行会 1991年

第二章

・高倉洋彰『趣味は考古学 仕事も考古学』櫂歌書房 2014年
・高倉洋彰『行動する考古学』中国書店 2014年
・南 陽子『高島忠平聞書 地を這いて光を掘る』西日本新聞社 2008年

第四章

・椎名慎太郎『遺跡保存を考える』岩波新書 1994年
・日本考古学協会編『埋蔵文化財白書——埋蔵文化財破壊の現状とその対策』学生社 1971年

・日本考古学協会編　『第二次　埋蔵文化財白書』　学生社　１９８１年
・文化財保存全国協議会編　『新版　遺跡保存の事典』　平凡社　２００６年

第五章
・村川行弘　『田能　弥生文化の謎にいどむ――』　学生社　１９６７年
・石部正志　『考古学万華鏡』　新日本出版社　２００４年

第六章
・清水宗昭　「考古学の志向するもの」『月刊考古学ジャーナル』　平成13年10月号　ニューサイエンス社
・清水宗昭　「賀川光夫先生を悼む」『古代文化』２００１年11月号　財団法人古代学協会
・酒井龍一　『発掘川柳』ジャパン通信情報センター　１９９７年
・酒井龍一　『考古学川柳雑誌　時の扉』第19号（１９９８年12月）、第20号（１９９９年2月）、第21号（１９９９年6月）第23号（２０００年10月）、第24号（２０００年12月）、第26号（２００２年7月）　考古学川柳社
・奈良大学文学部文化財学科刊　「酒井龍一先生退職記念論集」『文化財学報』第31集　２０１３年3月

第七章
・隈　昭志　『菊池川流域の古代文化』　熊日出版　２０１２年
・九州考古学会事務局編集　「九州考古学会80周年記念座談会の記録」『九州考古学』第86号　九州考古学会　２０１１年11月24日
・宇土高校社会部　『文集1号』　１９７１年
・宇土高校社会部考古学班　『部報第2号』　１９６８年
・宇土高校社会部　『宇高社会部部報　古城』第3号（１９７１）〜7号（１９７５年）
・宇土高校社会部ＯＢ会　「とどろき」1号〜8号　１９７５〜１９８２年

・熊本県立山鹿高等学校考古学部『史跡巡』１９６５年
・熊本県立山鹿高等学校考古学部『チブサン』5号（昭和41年3月）〜10号（昭和42年12月）
・杉村彰一「折々の記——私の考古学人生のひとコマ——」『考古学集刊』第9号 ２０１３年5月
・杉村彰一「目標をもちたい」「育友会」玉名高校・中学校 ２０１４年12月18日
・杉村彰一「師 田邉哲夫先生」『歴史玉名』第62号 玉名歴史研究会 ２０１２年冬季号
・宇土市教育委員会『宇土市埋蔵文化財調査報告書第二集 向野田古墳』１９７８年
・熊本日日新聞社編集局『地域学シリーズ⑤ 新・宇城学』熊本日日新聞社 １９８９年
・井上辰雄『火の国』学生社 １９７０年
・髙木誠治『ありのままの人生——私の昭和史—』私家版 ２００８年
・乙益重隆「〝トンカラリン〟の正体」『考古学の謎解き』講談社 １９７９年
・松本雅明「古代史入門——歴史はなぜ面白いか——」『新・熊本の歴史1・古代（上）』熊本日日新聞社 １９７８年
・向谷進『考古の巨星 末永雅雄と橿原考古学研究所』文藝春秋 １９９４年
・九州国立博物館編集・発行『全国高等学校 考古名品展』２０１４年

第八章

・「昭和史再訪 登呂遺跡の発掘」「朝日新聞・夕刊」２０１１年8月20日
・大塚初重「大場磐雄博士と登呂遺跡」『平成13年度 國學院大學学術フロンティア構想「劣化画像の再生活用と資料化に関する基礎的研究」事業報告』國學院大學 ２００１年
・森豊『「登呂」の記録 古代の発掘にかける』講談社 １９６９年
・沼津市史編集委員会編『江藤千萬樹考古学論集』（沼津市史叢書十一）沼津市教育委員会
・酒詰仲男『貝塚に学ぶ』学生社 １９６７年
・乙益重隆先生古希記念論文集刊行会編集・発行『乙益重隆先生古希記念論文集 九州上代文化論集』１９９０年

・「たいせつな本　考古学者・七田忠昭さん　かもしかみち」「朝日新聞・佐賀」　２０１２年9月20日付
・吉野ケ里歴史公園編集・発行　『七田忠志の魅力展　プロジェクトXの世界』　２００５年
・大塚清吾　「九州ものしり学　七田忠志」『プリーズ』　２００１年5月号　九州旅客鉄道株式会社
・七田忠昭監修・資料提供　『七田忠志　研究論文集』（２００５年夏季特別展示　プロジェクトXの世界「七田忠志の魅力展」）
吉野ケ里公園管理センター　２００５年8月1日
・七田忠昭　『「日本の遺跡」②　吉野ヶ里遺跡』　同成社　２００５年
・角田文衛編　『考古学京都学派』　雄山閣　１９９４年

第九章

・武末純一　「考古学トピックス　提言　発掘の明日――プロとアマの「共同活動」復活を」
「西日本新聞」２０１２年11月30日
・武末純一　「地域をデザインする遺跡、地域からデザインされる遺跡」　『遺跡学研究』第11号　２０１４年　日本遺跡学会
・大阪府立泉大津高等学校発行　『泉大津高校考古資料図録』　２００６年

全編

・春成秀爾　『考古学者はどう生きたか　考古学と社会』　学生社　２００３年
・樋口清之　『発掘　土中に埋もれた歴史の謎』　学生社　１９６３年
・坪井清足　『東と西の考古学』　草風館　２０００年
・「平成15年秋季特別展　弥生文化研究への熱いまなざし　森本六爾、小林行雄と佐原真」
大阪府立弥生文化博物館　２００３年
・近藤義郎　「「行政発掘」と「学術発掘」でよいか」　『考古学研究』第31巻第3号　考古学研究会　１９８４年

（この本は、西日本新聞に一部連載したものに、大幅に加筆し、構成したものです）

【著者プロフィール】
澤宮 優（さわみや・ゆう）

1964年熊本県生まれ。ノンフィクション作家。青山学院大学文学部史学科（考古学専攻）卒業。早稲田大学第二文学部日本文学専修卒業。陰で懸命に生きる人物をモチーフに、スポーツから文学、歴史まで幅広い分野で執筆。2003年１月に刊行された『巨人軍最強の捕手』で第14回ミズノスポーツライター賞優秀賞受賞。著書に『打撃投手』『ドラフト１位』『あぶさんになった男』の他、『戦国廃城紀行』『廃墟となった戦国名城』『昭和の仕事』『イラストで見る昭和の消えた仕事図鑑』『1000キロの海を渡った「大王の棺」』などがある。

澤宮 優 公式ホームページ
http://www2.odn.ne.jp/yusawamiya/

「考古学エレジー」の唄が聞こえる
――発掘にかけた青春哀歌――

2016年7月27日　第1刷発行

著　者 ―――― 澤宮 優
発行者 ―――― 原田邦彦
発行所 ―――― 東海教育研究所
〒160-0023 東京都新宿区西新宿7-4-3 升本ビル
電話 03-3227-3700　FAX 03-3227-3701
発売所 ―――― 東海大学出版部
〒259-1292 神奈川県平塚市北金目4-1-1
電話 0463-58-7811
組　版 ―――― 鹿嶋貴彦
印刷所 ―――― モリモト印刷株式会社

月刊『望星』ホームページ―― http://www.tokaiedu.co.jp/bosei/
 Printed in Japan ISBN978-4-486-03799-6 C0095

人類滅亡を避ける道

関野吉晴対論集

関野吉晴 著　四六判　280頁　定価（1,800円＋税）

ISBN　978-4-486-03748-4

誕生以来700万年、偉大な旅（グレートジャーニー）をしてきた人類。だが、このままでは世界は破滅だ！ われわれがこの地球上で生き残るため、考えられる「旅路」はあるのか？ 山折哲雄、船戸与一、藤原新也、池澤夏樹、島田雅彦ら９人と語り合う。

「幻の街道」をゆく

人々の幻影を求め歩く歴史紀行

七尾和晃 著　四六判　200頁　定価（1,600円＋税）

ISBN　978-4-486-03744-6

正史からは見えない、日本人が忘れた道、隠された道。たどれば、もうひとつの日本が見えてくる。幻となった街道を歩いた人々の幻影を求め歩く歴史紀行。

反欲望の時代へ

大震災の惨禍を越えて

山折哲雄×赤坂憲雄 著　四六判　304頁　定価（1,900円＋税）

ISBN　978-4-486-03720-0

地震と津波、そして原発……。災厄の日々から、来るべき時代はどう展望出来るのか。深く広い対話に第二部として寺田寅彦、宮沢賢治らの作品を加えた「歩み直し」のための必読書！

カラスと髑髏（どくろ）

世界史の「闇」のとびらを開く

吉田　司 著　四六判　400頁　定価（2,500円＋税）

ISBN　978-4-486-03717-0

古代アジアの「３本足のカラス」。資本主義の父ともなった海賊たちの「髑髏旗」。世界の「今」を成り立たせている現象の〈初源の姿〉を求め続けた「知の冒険」の集大成！

歴史の現場の意外な姿が、いま明らかになる。